KB033107

나는 왜
내 마음이 버거울까?

정신과 의사 캘선생의 상담소

일러두기

이 책에 등장하는 내담자의 에피소드는 특정인의 이야기가 아닌 저자의 상상력을 가공하여 쓴 것으로, 실존하는 어떤 누구와도 관련이 없음을 먼저 밝힙니다. 또한, 이 책은 정신과 의사로서 느낀 저자의 생각을 가벼운 이론적 토대를 바탕으로 보편적인 내용을 담았기에 관점에 따라 책의 이야기가 다소 와닿지 않는다고 생각할 수도 있습니다. 만일 책을 읽는 당신이 보다 정확한 의학적 조언과 상담을 원하는 경우, 가까운 정신건강 관련 시설의 전문의와 상의하는 것을 추천합니다.

나는 왜
내 마음이 버거울까?

정신과 의사 캘선생의 상담소

조영민 글·그림

미래의창

곰 조 심

제일 첫 한마디.
시작해볼까요?

나와
내 안의 이야기

다소 새삼스러운
이야기일지도 모르지만,

나는 하루 종일 나와 함께 살고 있습니다. 하루에도 수십 번, 수백 번씩 내가 하는 활동을 다시 나의 눈으로 확인하고, 내가 하는 생각을 다시 스스로 평가하며 내가 좋아졌다가, 미워졌다가 하는 일이 반복되고 있죠. 어쩌면 하루의 행복에 가장 큰 몫을 하는 사람은 나와 함께 지내는 나라고 할 수도 있겠네요! 행복의 등잔 밑은 참 어둡구나, 싶은 생각이 들지 않나요?

내가 함께 사는 나라는 녀석은 참 내 마음대로 안 되는 청개구리 같은 친구입니다. 가끔 종잡을 수 없는 불안으로 흔들리고 '왜 이러나?' 싶을 때가 있죠. 감정을 자연스럽게 겪으면서도 그 감정을 다시 확인하고 평가하고 싶은 마음이 들 때도 있고요. 나와 지내다가 잊혀지지 않는 과거의 일에 붙잡혀서 오랜 시간을 반추하기도 하며 강렬한 감정에 압도돼 허우적거리기도 하고, 현실의 상황과 감정이 변하지 않을 것만 같다는 생각에 나 자신을 해치는 상황이 오기도 합니다. 그리고 언젠가는 강한 열망과 목적의식으로 인해 지치는 일도 있죠. 어디선가 '내 마음이 내 마음대로 되면 좋겠네'라는 문장을 읽은 적이 있는데, 깊은 공감을 했던 기억이 있어요. 당연히 내 마음은 내 마음대로 되지 않습니다. 하지만 내 마음이 내는 소리와 신호들을 자세히 들여다보며 그것을 이전과는 다른 방식으로 이해하려는 시도를 해볼 수는 있을 거예요.

첫 챕터는 나와 내 안의 이야기에서 시작합니다.
하루 종일 함께 붙어 지내는
말썽꾸러기 '나'와 함께 천천히 즐겼으면 합니다.

나와 내 안의 이야기

막연히 불안한 기분을 없애고 싶어요

적당한 불안으로 마음 지키기

가끔 이유 없이 너무 불안할 때가 있어요. 굳이 이렇게 불안할 일인가 싶을 정도로 말이죠.

어제는 회사의 다른 팀 사람이 내시경 검사를 하다가 용종이 두어 개 나와서 떼었다는 이야기를 듣고, 갑자기 제 건강이 걱정돼서 배가 살살 아픈 느낌까지 들었어요. 저는 작년에 내시경 검사를 했고 몸에 아무 문제가 없다는 판정을 받았는데도 말이죠.

그래도 혹시나 제가 제대로 병원 예약을 잘못해서 꼭 필요한 검사를 놓친 것은 아닌가 싶고, 내시경 검사를 하던 의사가 치명적인 병을 놓친 것일지도 모르는 일이라는 생각도 들었어요. 제가 만일 죽게 된다면 우리 가족들은 어떻게 살아갈지 걱정이 되기도 하더라니까요?

그 사람의 용종 이야기를 시작으로, 전 어제 오후 내내 불편하고 가슴이 두근거리는 채로 업무에도 전혀 집중하지 못했어요. 쓸데없는 망상인 것은 알아요, 제가 우스울 수도 있어요. 하지만 저는 이따금 이렇게 한심해져요. 저도 이런 저를 꼭 고치고 싶어요.

불안은 그야말로 양날의 검입니다. 그것이 주는 피곤만큼 살아가면서 이득을 본 일도 사실 많죠. 쑥스럽지만 저는 불안이 많은 사람입니다. 하지만 불안이 많은 성격 덕에 저는 크게 다친 적도 없고, 쉽게 실수하지 않으며, 중요하다 싶은 일은 웬만해서는 잘 잊지 않는 편입니다. 돌아보면 학생 시절 학업이나 성취도 측면에서도 저는 불안의 부스터를 나름 받은 것 같기도 합니다. 하지만 그 녀석은 가끔 티셔츠의 가격표 태그가 성가시게 목덜미를 쿡쿡 찌르는 것처럼 거슬리기도 합니다. 저는 종종 제가 필요한 것 이상의 불안을 안고 사는 건 아닐까 생각하곤 해요.

며칠 뒤, 제가 어딘가에서 누군가를 만나야 하는 약속이 있다고 해봅니다. 전 그럴 때면 어디서 어떻게 만날 것인가에 대한 시뮬레이션부터 하곤 합니다. 특히 전날에는 그곳에 가는 방법을 궁리하고, 자기 전에 혹시 늦잠을 자지 않을까 하는 걱정으로 잠에 드는 것이 어려울 때가 많으며, 그로 인해 꼭 알람이 울리기 수십 분 전에 일어나곤 해요. 결국 깊이 자지 못한 상태로 그리 좋지 않은 컨디션에 사람을 만나거나, 하루의 모든 관심을 그 짧은 만남에 다 쏟으니 약속 이전에 무언가를 하지 못하는 경우가 잦아요. 실수에 대한 불안으로 인해 만남으로 가는 길이 제겐 꽤 무거운 부담이 되는 셈입니다. 가끔은 이러한 행동들이 오히려 제 불안을 강화하는 느낌마저 들 때도 있어요.

물론 약속에 늦거나 도착지를 헷갈릴 가능성을 따져보면 극히 낮은 확률이겠죠. 대중교통을 이용한다면 대개는 시간 내에 도착할 것이고, 그것도 여유 있게 출발한다면 늦더라도 만회할 시간이 충분할 것이며, 제가 살면서 한 번도 약속 장소를 헷갈린 적이 없는 사람인 것을 고려하면 확률적으로 약속 장소에 시간 약속을 어기면서 도착할 일은 제로에 가깝습니다. 만일 몇 분 정도 늦더라도, 만나기로 한 사람에게 전화로 미리 양해를 구할 수도 있고 택시를 타는 등 다른 방식으로 큰 실례

나와 내 안의 이야기

를 피할 수도 있겠죠. 결국 제가 생각하는 최악의 상황, 약속에 늦는 실수를 하게 되고 상대방의 기분을 상하게 할 일은 어지간해서는 생기지 않아요.

하지만 그런 것을 세세하게 따지기 이전에 저는 순간 긴장을 품습니다. 솔직히 그럴 여유가 없거든요. 식당에 들어가 자리에 앉고, 주문하고, 식사를 마친 뒤 일어나 계산하는 일이 어떤 깊은 생각의 절차도 없이 자연스러운 것처럼, 저에게는 약속 장소에 늦지 않는 것에 몰두하고 저를 피곤하게 할 만큼의 과도한 긴장을 품는 것이 식당에서 밥을 사 먹는 것처럼 쉽고 자연스러운 일이 돼 버린 겁니다. 오래된 마음의 습관은 이렇게 한 사람에게 생각이 끼어들 여지를 주지 않는 경향이 있어요.

이러한 종류의 습관은 이유 없는 막연한 불안으로 해석되기도 하죠. 아마 불안이라는 단어는 진료하면서 가장 많이 사용하고 주고받는 단어일 겁니다. 아주 많은 사람들이 불안이라는 키워드로 진료받는 것을 보며, 저는 가끔 불안이라는 것이 현대 사회의 바탕 색깔이 아닐까 싶기도 해요. 어찌 보면 생존을 위해서는 당연히 인간이 지녀야 하는 기본적인 요소일 것인데 많은 사람들은 그것을 스스로 다루기 어려워하며 아까운 반차를 내고 병원을 찾아옵니다.

내담자들은 제게 다루기 어려운 불안감을 느끼는 자신이 잘못된 것이 아닌지 물어봅니다. 그런 내담자에게 저는 어떤 상황에서는 불안감을 느끼는 것이 무덤덤한 것보다 오히려 더 일반적이고 자연스러운 일이라 답하기도 합니다. 참, 아이러니하지 않습니까? 불안이 없는 동물은 죽기 십상이고, 불안한 기분을 느껴야만 하는 상황에서는 당연히 불안해야 살아남습니다. 어찌 보면 불안이라는 작동 원리는 생존 관점에서 고마운 녀석이라고 말할 수도 있겠어요! 가끔 저는 불안할 만한 상황에서 불안감을 느끼며 힘들어하는 내담자에게 가볍게 말합니다.

"자신의 불안에게 스스로를 지켜줘서 고맙다고 이야기해보는 건 어떨까요?"

하지만 불안은 경보 장치가 오작동하는 것처럼 시도 때도 없이 작동하기도 하죠. 도둑이 들 때 울려야 할 경보 장치가 바퀴벌레만 그 앞을 지나가도 시끄럽게 울려서 매일 밤 제 단잠을 방해하면 어떻게 해야 할까요? 고장 난 경보 장치를 고쳐야 할 겁니다. 간단한 문제는 아닙니다. 실제로 존재하는 문제에 대한 불안만큼이나 스스로 만들어낸 불안도 그 정도와 깊이는 다르게 힘들거든요. 저는 상담을 하다가 저처럼 습관이 된 불안으로 힘들어하는 사람들을 자주 만납니다. 같은 불안쟁이로서 참 가슴이 아픈 일이에요.

심한 불안을 겪은 어떤 사람들은 마음의 파도가 한차례 지나간 이후에도, 그 커다란 불안이 주는 압도적인 느낌으로 인해 다시 불안의 파도에 갇힐 것이라 상상하며 지진이 지나간

나와 내 안의 이야기

후에 돌아오는 여진과도 같은 불안을 이야기합니다. 어떤 사람들은 중요한 시험과 같은 어찌 보면 불안을 품을 수 있는 상황에서 당연히 느끼게 되는 가슴이 두근거리는 등의 신체반응을, 부정적인 상황에서 느꼈던 신체반응과 연결 짓습니다. 필요 이상의 불안을 느끼는 거죠. 이처럼 불안은 습관적이고 즉각적입니다. 모두가 자기 자신이나 다른 누군가가 짚기 전까지는 생각해볼 틈을 주지 않으니까요.

불안은 스스로 자라나는 고약한 성격도 있습니다. 사람들은 불안에 사로잡히게 되면 중립적인 상황에 있음에도 불구하고 그가 사고하는 방향 또한 불안 위주로 흘러가게 됩니다. 부처님 눈에는 부처님만 보인다고 하지 않았던가요? 누군가가 아무 그림이나 그려달라고 당신에게 준 종이가 이미 회색빛이라면 아무래도 밝은 그림이 나오기는 힘들 겁니다. 불안한 당신의 눈으로 보는 세상은 불안한 것 위주로 보이고, 그런 생각부터 먼저 들기 마련입니다. 그리고 더 나아가 당신이 만들어 낸 불안한 생각이 다시 당신의 불안한 기분을 되넘기 시작하면, 결과적으로 생각과 기분 사이 불안의 소용돌이가 일어나거든요. 어느새 무엇이 시작이었는지 모를, 생각과 기분이 엉긴 불안의 털 뭉치가 먼지를 풀풀 날리며 마음의 방에서 철없이 굴러다니게 되는 것이죠.

종종 이유가 없다고 느껴지는 불안감을 가지고 진료실에 들어오는 사람들이 있습니다. 치료자 입장에서 보면 그들이 가끔 답답하게 느껴질 때도 있지만 그들과 불안에 대해 조금 자세히 이야기를 나누면 알 수 있었습니다. 그 불안의 시작이 생각보다 거창하지 않은, 사소한 일인 경우도 꽤 흔하다는 걸 말이죠. 그래서 저는 진료를 받으러 오는 사람들이 막연한 불안감을 이야기할 때 그 실체가 무엇인지에 관한 질문을 자주 하려 합니다.

"불안의 최대치를 100점이라고 생각한다면 지금은 몇 점짜리 불안인 것 같나요? 이런 상황에서 그 정도의 불안이 적절한지 생각해볼까요?"

시작부터 질문의 답을 콕 집어 이야기하는 사람들은 드뭅니다. 그래도 저는 안개를 걷어 윤곽을 보려고 노력해봅니다. 길을 걷는데 퀴퀴한 냄새가 난다고 치죠. 그것이 길가에 난 곰팡이 때문인지, 다른 사람이 몰래 버린 쓰레기 때문인지, 아니면 커다란 곰이 길 한가운데에서 어슬렁대고 있기 때문인지, 우리가 들여다보지 않으면 알 수 없어요. 습관이 된 불안은, 어쩌면 불쾌한 냄새가 날 때마다 마치 곰이 길에 들어왔다고 지레 겁을 먹어버리는 것과 같을지도 모르죠.

불안감을 느끼지 못하는 사람이 될 수 없다면, 나 자신을 지킬 수 있을 정도의 불안만 틀어서 놓으면 되지 않을까요? 우리 함께 불안의 적절한 볼륨을 찾아보아요. 나쁜 냄새가 난다

나와 내 안의 이야기

고 해서 항상 곰이 앉아있는 것은 아니듯, 불안의 근원과 그 가능성에 대해 자세히 들여다본다면 스스로를 힘들게 하지 않을 수 있을 겁니다. 오히려 적절한 불안을 사용해 고민을 극복할지도 모르죠.

한마디만 더! 우리는 최악의 상황을 가정하고 내 안의 불안을 만들지만, 정작 그런 상황이 발생할 때 자신의 대처 능력에 대해서 너무 쉽게 잊고 살아요. 나쁜 일이 생기더라도 대개 우리는 제힘으로, 그리고 가끔은 누군가의 도움을 받아 그럭저럭 해내지 않았나요? 곰이 나타날 수도 있다는 사실을 알고 있다면 맞서 싸울 수 있는 총과 도망칠 수 있는 차만 미리 갖춰 놓으면 됩니다. 필요한 불안만 품고 씩씩하게 걸어보아요. 아직 나타나지도 않은 곰이 겁이 나, 길 앞에서 먼저 주저앉을 수는 없을 일이니까요.

 캘선생의 한마디 불안을 사라지게 할 수 없다면, 마음에 담아야 할 불안만 정확히 담아보아요!

불안은 지극히 당연한 감정이다.

이런저런 일로
마음이 참 불안하네요.

음, 나도 그럴 거 같군.

그러니 우리가 되짚어 볼 부분은 과연 내가
해야할 만큼의 불안을 하고 있느냐는 것이다.

불안의 최대치를
100점이라고 생각한다면
지금은 몇 점짜리 불안을 하고 있나요?

음, 80점?

이거 진짜 맛있겠다.

쓥, 불안한데…?

안 죽어. 임마!

이 상황에서 그 정도의 불안이
적절한지 생각해볼까요?

불안하지 않은 놈들은 모두 죽었다.

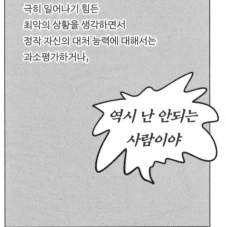

극히 일어나기 힘든
최악의 상황을 생각하면서
정작 자신의 대처 능력에 대해서는
과소평가하거나,

역시 난 안되는
사람이야

지난 일을 쉽게 떨치지 못하겠어요

트라우마를 물리치기 위한 세 가지 연습

…3년 전, 겨울밤이었어요.

자취방에 휴지가 떨어져 급히 편의점에 사러 갈 일이 생겼어요. 그때 저는 무리하게 다이어트를 하는 중이라서 컨디션이 좋지 않았지만, 그날은 어쩔 수 없었어요. 청소하려면 휴지가 꼭 필요했거든요. 하는 수 없이 밖에 나가서 길을 걷는데 갑자기 누가 뒤에서 제 어깨를 확 잡는 거예요. 저는 순간 휘청, 하고 쓰러질 뻔했어요. 컨디션이 좋지 않은 데다가 너무 깜짝 놀라니까 온몸에 힘이 축 빠지더라고요.

나중에 정신을 차리고 보니, 근처에 사는 친구가 반가워서 제 어깨를 잡은 거였죠. 남들이 보기에는 별일 아닐 수도 있을 것 같은데요, 저는 그때의 일을 생각만 해도 너무 힘들어요. 요즘 뉴스만 봐도 심각한 사건들이 많잖아요. 그때 친구가 아니라 모르는 나쁜 사람이었다면 어땠을까. 내가 쓰러졌을 때 주변에 아무도 없었다면 어땠을까. 이런 질문들이 제 머릿속에 맴돌고요.

그래서 저는 요즘도 어두운 밤길을 되도록 걷지 않으려고 해요. 무리한 다이어트는 일찌감치 그만뒀고요. 다행히 좋은 사람과 함께 살면서 이제 혼자 어두운 밤에 나갈 일이 많지도 않아요. 그래도 가끔 홀로 어두운 길을 걸어야 할 일이 생기면 제 가슴은 두근거려요. 정말 미칠 지경이에요. 제가 갑자기 정신을 잃고 쓰러지지는 않을지 걱정되고요. 누구나 예상하지 못한 일을 겪으면 힘든 것을 알고 있어요. 하지만 3년이나 지난 그 일을 쉽게 떨치지 못하는 저는 참 나약한 사람인 것 같아요.

진료실에서 '트라우마Trauma'라는 단어를 자주 듣습니다. 제가 먼저 이야기하지 않더라도 말이죠. "저는 어떤 트라우마가 있

　　　　　　　　나와 내 안의 이야기

고 그것이 저를 너무 힘들게 합니다"라는 말로 자신의 어려움을 설명하는 사람들이 많거든요. 그러나 '트라우마'는 일반적으로 사용되는 뜻과 정신의학에서 사용하는 뜻의 괴리가 어느 정도 있는 단어입니다.

의학적으로 사용하는 '트라우마'는 외상성 사건, 한 사람을 압도할 만한 수준의 아주 강렬하고 생명이나 신체를 위협하는 극심한 스트레스를 말합니다. 전쟁이나 성폭력, 교통사고 등이 될 수 있겠죠. 반면에 진료실에서 내담자가 말하는 '트라우마'는, 대개 잊을 수 없는 과거의 상처에 관한 것이 많습니다. 깊이 사랑했던 사람의 배신이나 이별, 가족들 간의 용서하기 힘든 잘못과 갈등, 생명을 위협하지는 않는 수준이었으나 실제로 자신에게 지속적인 각성과 공포를 심어주는 사고. 내담자는 이런 예들을 '트라우마'로 인식하곤 하죠. 참고로 저는 의학적인 의미의 트라우마를 고민하는 내담자가 적다고 말하려는 건 아닙니다. 이러한 일들로 인해 고통과 어려움을 겪은 것은 감히 절대 부정할 수는 없고요.

다만 치료자의 관점에서 보자면, 이 둘은 진단분류적인 차이가 있고 그로 인한 치료의 접근도 어느 정도 달라집니다. 그래서 저는 조심스레 그 차이를 종종 이야기하고 있어요. 이러한 차이가 있으니, 혼동을 피하고자 이 글에서는 의학적인 의미의 '트라우마'와 일반적으로 말하는 '트라우마'를 한꺼번에 묶어 '잊히지 않는 일'이라는 의미로 쓰겠습니다. 만일 이 글을 읽는 정신과 전문의나 심리 전문가 중에 저의 뭉뚱그림에 불편한 마음이 생기는 선생님이 있다면, 부디 너그럽게 보아주길 바랍니다.

'잊히지 않는 일'은 계속해서 그때 당시의 상황을 머릿속에서 재생하게 만듭니다. 각자 그 정도는 아주 다르겠지만 말이죠. 다들 누군가와 말다툼하고 집에 돌아와서 '내가 이런 말을 했으면 그 녀석의 코를 납작하게 만들 수 있었을 텐데'하며 잠을 설친 기억이 있을 거예요. 이처럼 오랫동안 자신을 힘들게 했던 과거의 일도, 당신이 알지 못한 사이 깊은 반추와 재경험의 바다에 빠트려 당신을 허우적거리게 합니다. 그것도 당신이 원하는 때와 장소가 아닌 상황에서 말이죠.

이런 일들은 우리의 관자놀이를 갑작스럽게 스치고 들어와 수십 분, 수 시간 동안 그때의 분위기와 상황을 곱씹게 합니다. 나의 초라했을 모습을 시뮬레이션하게 만드는 거죠. 심지어 어제 보았던 고양이를 오늘은 호랑이로 기억하는 것처럼, 우리는 그때의 일을 더 과장되고 극적이며 파국적으로 생각하기도 합니다. 어쩌면 시뮬레이션은 우리가 스스로 그 당시의 상황을 더 꼼꼼하고 자세하게 기억하면 다시 그런 나쁜 상황이 생기지 않을 것이라는 무의식적인 희망에서 시작했는지도 모르겠습니다. 아니면 비슷한 상황이 다시 생길 때 과거와는 달리 더 잘 대비하고 싶은 마음으로, 돌이키고 싶지도 않고 생각만 해도 고통스러운 일을 애써 되새김질하는 것일지도요. 실

　　　　　　　　　　나와 내 안의 이야기

제로 반추하는 행위가 이후의 삶을 나아가게 하는 데 도움이 될지는 상관없이 말입니다.

'잊히지 않는 일'은 우리, 그러니까 나를 계속해서 긴장하고 깨어 있게 만듭니다. 불안을 스스로 높게 유지하는 일은 과거의 경험에 있었던 상황과 비슷한 단서를 찾게 하고 주의를 증가시켜 나 자신을 지키려고 하는 노력이라 할 수 있겠어요. 아주 본능적이고 즉각적인 반응입니다. 교통사고를 당했던 사람들이 모든 자동차에 예민하게 반응하는 것에서부터, 최악의 연애를 한 사람이 이전 파트너의 특징을 다음 파트너에게서 찾아내고 깊게 실망하는 것까지 유형은 아주 다양합니다.

'자라 보고 놀란 가슴 솥뚜껑 보고 놀란다'고 하지 않습니까? 주변 사람이 제가 솥뚜껑을 보고 놀라는 모습을 본다면 저를 어리석다고 할 수 있겠습니다. 하지만 제가 자라에게 물려 본 적이 있다면 제 입장은 다르겠죠. 솥뚜껑을 보고도 일단 놀라는 편이 저 자신을 지키는 일에는 확률적으로 더 이득인 셈이니까요. 그러나 그러한 활동이 극적이고 병리적인 수준으로 발전한다면, 그 자체로 일상적인 활동을 잡아먹기도 합니다.

마지막으로 '잊히지 않는 일'은 우리를 회피하게 합니다. 이 또한 당연한 일이겠죠. 다신 겪고 싶지 않은 일과 비슷한 경험을 하는 것은 큰 부담과 공포입니다. 우리는 감정적 통제력을 잃을까 싶어서, 활동 자체를 회피하는 선택을 하기도 하죠. 그 일이 자주 하지 않는 일, 예를 들면 악어고기를 먹는 일과 같은 것이라면 그 활동을 선택하지 않아도 일상생활을 영위하는 것에 큰 지장을 주지는 않겠습니다. 그러나 '잊히지 않는 일'이 대중교통을 이용하거나, 사랑을 주고받는 것이라면 꽤 심각한 문제겠죠.

이렇듯 '잊히지 않는 일'이 주는 그 자체의 대미지와, 이차적으로 발생한 재경험과 반추, 과도한 불안과 각성, 그리고 회피와 같은, 어쩌면 자신을 지키려는 절실한 행동들이 다시 돌아와 우리의 잔잔한 일상을 무너뜨린다는 것이 꽤 아이러니하기도 합니다. 그래서 저는 과거의 나쁜 일로 인해 앞서 말한 어려움을 겪는다고 말하는 사람들에게, 다음과 같은 말로 지지하려는 편입니다.

"당신의 몸은 자신을 잘 지키려 애쓰고 있네요."

물론 '잊히지 않는 일'을 되새기거나 회피하는 게 당신에게 실제로 어떤 도움이 될지도 생각해보아야 합니다. 과거의 나쁜 일을 반추하는 행동이 닥칠지도 모를 미래의 불행에서 당신을 완벽히 대비시켰을까요? '잊히지 않는 일'의 상황과 비슷한 단서를 수집하는 것이 오히려 당신의 불안을 증폭시키진 않았을까요? 회피를 선택하는 일이 이전에 누렸던 건강한 일상생활로 돌아가는 것을 막고 있진 않나요? 여러모로 좋을 게 없습니다. 저는 '잊히지 않는 일'로 고통을 겪고 있을 누군가를 위해 다

나와 내 안의 이야기

음 세 가지 연습법을 제안하고자 합니다.

1. 반추에 빠지는 날 만들기
2. 긍정적인 신호에 주의를 기울이기
3. 이유를 찾는 일을 중단하기

첫 번째로, 반추에 빠지는 날을 만들어 보아요. 갑작스레 '잊히지 않는 일'로 인해 생각이 침습하고, 그에 따라 부정적인 기분의 회오리에 빨려드는 기분이 드나요? 그럼 일단 그 순간을 메모장에 적길 권합니다. 어떤 생각이 들어 어떤 기분을 느낀다. 이 정도로 간략하지만 기억하기 쉽게 적어둡니다. 필기하면서 공부하는 것을 좋아하는 사람이라면, 중요한 것을 어딘가에 적어두고 그 내용을 외우려는 노력에서 벗어나는 경험을 해본 적이 있을 거예요. 어딘가에 써두고 잠시 잊었다가 여유가 되는 어떤 날의 어떤 시간에, 그 내용을 다시 보면서 고통스러워하기로 하는 거죠. 그때는 마음껏 되새기고 미워하며 고통에 빠져도 되는 시간으로 쓰세요. 그리고 그 시간이 지나면 고통에서 빠져나오는 거예요. 당신 안에서 오랫동안 팽팽 돌고 있던 고통의 소용돌이가 의외로 그 핵심은 크지 않고 굳이 '잊히지 않는 일'에 시간을 오래 쓸 필요도 없다는 것을 알게 될 수 있을지도 모릅니다.

두 번째로는 위협적인 신호에 집중하여 놓치고 있던 긍정적인 신호에 주의를 기울여보아요. 아주 극적인 우연으로 유니콘에게 공격을 당해본 사람이 있다고 쳐봅니다. 그 사건 이후 유니콘의 공격이 두려워 벌벌 떨고 있는 그 사람에게 이 세상에 유니콘이 존재할 확률은 극히 낮고 나는 유니콘을 본 적이 없으니 당신도 괜찮다고 설득한다면 안심이 되겠습니까? 저는 사건을 실제로 겪었던 사람에게 그때와 같은 문제가 생기지 않을 것이라 무작정 안심을 시키는 것은 큰 의미가 없다고 봅니다. 그 대신 불안한 상황에서 당신이 미처 보지 못하는 다른 부분에 대해 집중을 기울여보는 연습을 해보라고 제안하겠습니다. 당신이 스스로를 지키려 심각하게 애쓰지 않아도 될 안전장치가 있는지를 확인하는 겁니다. 예전처럼 유니콘이 별안간 불쑥 등장해서 당신을 공격하려고 달려와도, 받을 수 있는 도움과 안전장치 등을 확인하면서 세상과 당신과의 접촉의 끈을 놓지 않는 작업이라 할 수 있겠습니다.

　마지막으로는 제가 개인적으로 부탁하고 싶은 것이라 할 수도 있겠는데요. 불행의 이유를 찾는 것을 중단하는 겁니다. 어떤 불운이 우리에게 닥치면, "왜?"라는 물음이 자연스럽게 따라옵니다. 문제가 생기면 이유를 알아내어 대처하는 것이 당연한 프로세스이니까요. 그러나 개인의 불운은 대개 다면적이고 복잡하며 종종 이유를 굳이 찾을 필요가 없는 게 많습니다. 그럼에도 불구하고, 우리는 부정적인 기분에 빠지면 이유를 찾고 싶고, 더 나아가 다음과 같이 자문하곤 하죠. "나 때문인가?"

　나와 내 안의 이야기

저는 이런 질문이 우울과 고립이라는 불행의 늪에 더 쉽게, 그리고 깊이 빠지게 한다고 봅니다. 불행의 이유를 자기에게서 찾고, 그 생각으로 인해 나의 부정적인 기분을 되먹는 과정은 나 자신에게 조금 가혹하고 미안스럽기까지 합니다.

여러 팁과 제안을 하긴 했지만, 트라우마를 위시한 과거의 문제를 극복하고 나아가는 일은 자신의 시간과 노력만이 아니라 세상과 다른 사람의 도움을 받아야 할 때가 많습니다. 그러니 당신이 혼자서 감당하기 어려운 문제를 품고 있다면 부디 시간을 내어 도움의 손길을 뻗어보길 바랍니다. 그것은 교육과 훈련을 받은 의료진과 상담사가 될 수도 있고, 가족과 사랑하는 사람들의 관심과 배려가 될 수도 있어요. 불운과 고통이 어느 순간 갑작스럽게 당신에게 찾아왔다면, 그것을 극복하는 일 또한 마법 같은 한순간에 의해 일어나지 않으리라 어떻게 말할 수 있겠습니까? 꾸준히 세상에 조심스레 발을 뻗어보고 주변 사람에게 손을 건네어 보길 바랍니다.

 캘선생의 한마디 이제 조금은 다른 방식으로 자신을 지켜볼까요?

흔히 트라우마라고도 말할 수 있는
과거의 강렬한 나쁜 기억은,

그 일이 지난 이후에도 계속해서
그 당시의 일을 재생하게 하고,

불안을 높게 유지하는 방법을 통해 위협에 대한
주의를 증가시키게도 하며,

비슷한 상황에 놓였을 때 자기통제력을 잃을까
싶어 오히려 회피를 선택하게 만들곤 한다.

아이러니하게도 자신을 지키려는 이러한 행동들
이 되돌아와 잔잔한 일상을 무너뜨리는 셈이다.

숨을 한 번 크게 쉬고 그때와는 다른 지금의
상황을 확인해보자.

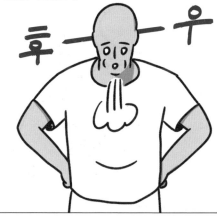

위협적인 신호에 집중하며
놓치고 있던 긍정적인 신호에
주의를 기울여보는 것이다.

과거에 대한 생각이나
걱정에 빨려 들어간다면
간략하게 메모하고 빠져나와
생각을 주말로 미루는 것도
방법이 될 수 있다.

으악 개다…
하지만 대로변에 사람도 많고
주인도 목줄을 잘 잡고 있어.
안전할 수 있는 요소가 많아.

자책 미련
불안 가정
후회
걱정
절망

걱정하는 날에
걱정할게!!

참, 이번 주에는
이런 기억들로 힘들었지.

차분한 눈으로
나의 부정적인 생각을 다시 보면
객관성과 통제감을
찾을 수도 있기 때문이다.

나쁜 생각만 잔뜩 하고 있어요

부정적인 감정의 가속도

나만
사라지면 돼.

그럼 해결돼.

선생님에게 말하기 조심스럽네요. 사실 저는 하루 종일 어떻게 고통 없이 사라질지 고민하고 있어요. 제 모든 일상이 최악으로 흘러가고 있고, 그 안에서 제가 할 수 있는 일은 아무것도 없어요. 이건 제가 속한 집단을 옮기거나, 하는 일을 바꾼다고 해결될 문제가 아닐 거예요. 방법은 단 하나라고요. 제가 사라지면 돼요. 다른 방법은 없어요.

문제의 시작은 그 여자가 저를 떠난 것이었지만, 그 이후로도

나와 내 안의 이야기

직장과 가족에서 생겼던 크고 작은 문제들이 제 삶을 망쳤어요. 처음에는 그 여자를 탓했는데, 오랫동안 생각해보니 결국 제가 모든 문제를 만들고 있다는 사실을 깨달았어요. 제가 문제였어요. 그러니까, 제가 사라지면, 아니 사라져야만 이 지독한 문제들이 해결되겠죠.

울적하고 답답한 삶에서 벗어나고 싶어요. 그럼 이제는 저도 조금 편해지겠죠. 아침에 눈을 뜨면 제 몸을 짓누르는 우울한 기분이 하루 종일 저를 따라다녀요. 무엇을 생각해도 결국 저는 죽어버리는 상상을 하고 있어요. 매일 밤 자기 전, 다음 날 찾아올 아침을 떠올리면 저는 몸서리치게 불안해요. 이 우울한 기분과 끔찍한 기억 외에, 제가 무슨 생각을 할 수 있을까요?

살아가면서 어쩔 수 없이 어떤 감정에 압도당하는 순간들이 있죠. 그 감정이 긍정적이고 즐거운 감정이면 참 좋겠지만, 대부분 압도된다는 말은 부정적인 감정을 동반하는 경우가 많아요. 엄청나게 중요한 시험을 앞두고 불안감에 압도돼 가만히 앉아있지 못하고 자리에서 일어나서 책을 들고 강의실을 배회하는 경우, 상사의 불합리하고 이해하지 못할 요구를 듣고 분노에 압도돼 손이 벌벌 떨리는 경험을 하는 경우 등이 그렇습니다.

이번 글에서는 우울감을 예시로 우리가 어떤 감정에 압도당하는 순간을 소개해보겠습니다. 그게 예시로 들기 가장 좋을 것 같네요. 하지만 다른 부정적인 감정도 우울감과 꽤 비슷한 맥락으로 흘러가기 때문에, 만일 다른 감정의 폭풍이 당신의 안에서 휘몰아치고 있다면 그에 맞춰서 상상력을 발휘해보는 것을 추천합니다.

우리 삶에는 우울감에 사로잡히는 마술 같은 순간이 있습니다. 우울감은 고통을 동반하니, 마술 중에서도 사악한 흑마술에 가깝겠습니다. 나쁜 일은 야속하게도 누가 흑마술이라도 부리듯 한꺼번에 찾아오는 경향이 있고, 그에 따라 우울감도 투명한 물에 보라색 잉크 한 방울이 퍼지듯 삽시간에 우리 마음속 색깔을 바꿔 놓습니다.

우울감을 느껴야 할 일들을 걱정하고 신경 쓰는 것은 당연하죠. 또한, 힘들었던 일을 곱씹고 걱정하는 활동은 이미 벌어진 일의 피해를 최소화하고 앞으로 생길 수 있는 비슷한 일로부터 우리를 스스로 구원하게 하는 역할을 할지도 모르겠습니다. 그런 머릿속의 활동이 유쾌한 일이면 얼마나 좋았을까요? 안타깝게도 우리는 그 과정에서 번뇌를 느끼고 피곤해하며 그로 인해 정신과 진료실에서 도움을 구하기도 합니다.

나와 내 안의 이야기

그리고 겪는 감정이 강렬할수록 그 감정 단 하나밖에 보이지 않을 때도 있습니다. 급한 불이니까요. 그렇게 우울감이라는 딱 하나의 감정만 느낄 수 있는 사람처럼 변하는 거죠. 다른 감정을 느끼거나 탐색할 여유가 없어진다고 말할 수도 있겠어요. 충분히 내 안에 긍정적인 감정을 느낄 요소가 있는데도 말이에요. 그리고 만일 다른 긍정적인 감정을 불러일으킬 만한 상황이 온다고 해도, 더 나아지진 않을 겁니다.

우울감만 느끼게 된 시간이 오래되었거나 우울감이 깊을수록 더 그렇겠죠. 그 또한 우울한 사람의 눈을 통해 사건을 재해석을 하고 취사선택해서 무시하기도 할 테니까요. 단순히 피곤한 일로 치부하는 경향이 생기는 거예요. 의인화된 감정을 소재로 하는 디즈니·픽사의 영화 〈인사이드 아웃Inside out〉을 보셨다면 조금 더 그림이 잘 그려질 겁니다. 그야말로 머릿속에서 '우울이'의 독재정권이 시작이 된 거죠.

스펙트럼spectrum상에서 우리가 취할 수 있는 다양한 감정과 상황의 스탠스가 있음에도 불구하고, 우울감과 피곤기로 인해 1 아니면 0처럼 생각하게 돼 버리기 쉽습니다. 우울한 나와 행복한 나, 우울한 나와 행복한 다른 사람, 우울한 나와 행복한 세상 등으로 선을 그어버리면서요.

"그게 다 무슨 소용이야."

"우울에서 벗어나려면 내가 없어지는 수밖에 없어."

"나는 원래 우울한 사람이야."

"아무것도 변하지 않아."

이런 말로 자신을 엉성하게 지키면서요. 그게 사실은 '우울이'의 독재를 유지하려고 하는 말임을 쉽게 깨닫긴 힘들죠. 우울의 도로를 달리는 마음의 차에 가속도를 붙이는 일이라 말할 수 있겠어요.

그렇다면 원치 않는 길을 쌩쌩 달리는 차는 어떻게 돌려야 할까요? 급브레이크를 밟거나 핸들을 팩, 하고 꺾는 사람은 없겠죠? 마음도 이와 비슷하다고 생각합니다. 여기서 급브레이크를 밟는 행동은 감정을 억압하거나 회피하는 일에 비유할 수 있습니다. 우리가 겪는 부정적인 감정은 실제로 우리 마음속에서 벌어지는 것이고, 그것은 '부정적인' 감정이지 '나쁘고 없어져야 할' 감정이라고 말할 수는 없으니까요. 앞서 말한 것처럼 부정적인 감정은 우리를 도와줄 수도 있는 양날의 검이 되기도 합니다.

부정적인 감정을 눌러 없애려고 하거나 없는 것처럼 무시하며 회피하는 일은 그 감정이 이후에 우리에게 줄 수 있는 이득 또한 없애는 일이 될 수도 있고, 그 감정이 잠재적으로 피어날 수 있는 상황을 회피하게 만들기도 해 삶의 보폭을 줄일 수도 있습니다. 그러니 브레이크에 천천히 발을 옮기고 길의 방향을 돌릴 수 있는 신호를 탐색해보는 것이 좋겠죠. 당신이 부

나와 내 안의 이야기

정적인 감정으로 괴롭다면, 우울이를 혼내면서 입을 막을 것이 아니라 우울이의 발언권을 줄이면서 다른 감정의 이야기를 민주적으로 들어봅니다.

쉽게 오해하는 것 중 하나는, 우리가 한 가지 상황에서 한 가지 감정밖에 느끼지 못한다고 생각하는 것이에요. 앞서 이야기한 자동차 비유를 다시 끌고 오자면, 부정적인 감정의 길이 일방통행이라고 생각하는 것이죠. 하지만 우리는 조금만 따져보아도 그 말이 적절하지 않음을 알 수 있습니다. 시험 기간에 해야 하는 공부를 두고 잠깐 오락을 즐겼을 때 짜릿함과 불안함을 동시에 맛볼 수도 있고, 각자가 믿는 신에게 기도하면서 소망과 원망을 함께 얻을 수도 있죠.

그렇다면, 우울하면서도 행복을 찾아내지 못할 이유가 어디 있겠어요? 저는 우울의 감정을 품으면서도, 동시에 즐겁거나 감사할 일을 절실하게 찾아보자고 제안하고 싶습니다. 깊은 우울의 감정을 느끼면서도 가끔 웃을 수 있는 사람과, 그 감정에 사로잡혀 '우울하기만 한 사람'이 되는 것은 아주 큰 차이가 있지 않겠습니까? 부정적인 감정의 무게가 무거울수록 그에 휩쓸리기 쉽겠습니다만, 우리에게 그 감정밖에 없는 것이 아님을 알고 다른 긍정적인 감정을 천천히 탐색해나가는 거예요. 좌회전이나 유턴 신호를 천천히 살피는 것처럼요.

다만 유의해야 합니다. 긍정적인 감정은 스스로 찾아보지 않는 한 그것이 먼저 다가오는 일은 엄청나게 어렵습니다. 특히나 우울감에 사로잡힌 사람에게는 말이에요. 일기를 쓰거나 하지 않던 일을 해보라는 등의 거창한 노력을 하라는 이야기는 아닙니다. 아주 사소하게 시작하는 거예요. 자신을 열어놓는 일에서부터 출발해보죠. 이 책에서 여러 차례 이야기하지만, 치료자인 저는 고립을 엄청나게 미워하는 사람입니다. 우스갯소리로 고립을 선택하는 것보다 오히려 다른 사람의 멱살을 잡는 게 낫다고 말할 때도 있습니다. 어떤 즐거운 마음도, 좋은 상상도 혼자 있는 내 방에서 고립이 되면 헤쳐 나오기 어렵다고 생각해요.

고립은 너무나도 마음을 한쪽으로 치우치게 하기 쉽습니다. 우울하다면 우울의 길에 내려가는 경사를 만들고 가속도를 올리는 거죠. 가족이나 친구, 주변 사람들과 잠깐이라도 계속 소통하면서 순간의 웃음과 감사에서 오는 긍정적인 감정을 하루에 한 번씩 꼭 쥐었다가 놓아주도록 해요. 내일이 나쁜 날이 될지라도, 나쁘기만 한 날은 아니었으면 좋겠어요.

 캘선생의 한마디 감정들을 민주적으로 다스려 보아요!

　　　　　　　　　나와 내 안의 이야기

강렬한 부정적인 감정에
휩싸이게 되면,

왠지 내 감정이
그 부정적인 감정 하나밖에
없는 사람처럼
느껴지기도 한다.

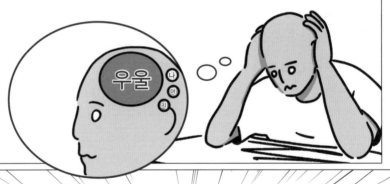

특히 우울감과 같은 감정은
그 자체의 피곤기로 인해,
감정에 어떤 가속도가 붙고는 한다.

미치겠네!!!

으아!!!

우울감과 같은 부정적인 감정은,

그런 행동이야말로 우울감에 가속도를 붙이는 것이라 말할 수 있겠다.

자기 안에서 충분히
발견할 수 있는
다른 긍정적인 감정을
탐색하지 못 하게 한다.

긍정?

원치 않는 길을 빠르게 달리는 차는 어떻게 돌릴까?

저게 다 무슨 소용이람.

하하호호!!

가장 중요한 것은
그 길이 일방통행이 아님을 아는 것이다.

천천히 브레이크를 밟으며
신호를 둘러보듯
감정을 탐색해보자.

천천히 ~   천천히 ~

슬픈 감정이 영원할 것 같아요

필요 이상의 슬픔이 나를 망치고 있을 때

그 사람이 떠난 이후로 저는 완전히 엉망이에요. 정말 제 모든 것을 그 사람에게 줬는데 그렇게 떠나가다니 아무리 생각해도 말이 안 돼요. 다시는 이전의 행복한 제 모습으로 돌아갈 수 없어요. 선생님은 그런 기분을 알고 있나요? 모를 거예요. 어떻게 알겠어요? 그 사람을 만난 것은 제 인생 최대의 실수였고, 저는 그걸 이제야 깨달았어요. 그 사람과 함께하면서 누렸던 즐거움이라고 생각했던 것들. 그 모든 게 사실은 저를

　　　　　　　　　　　　　　　　나와 내 안의 이야기

망치고 있었어요. 이제 제 옆에는 아무도 남아있지 않아요. 저는 그 사람에게 제 삶의 모든 것을 다 맞췄어요. 저는 그 사람밖에 없어요, 그런데 이제 그 사람마저 떠났어요. 그 사람은 어떻게 그럴 수 있었을까요? 그 사람이 떠나면서 마지막으로 저를 보던 싸늘한 눈빛이 한 달이 지난 지금까지도 여전히 잊히지 않아요. 그 사람을 사랑하는 마음은 이제 정리가 됐을지 몰라도, 더 이상 그때처럼 누군가에게 제 모든 것을 주면서 사랑할 수는 없을 것 같아요. 공허하고 울적해요. 이 감정은 평생 저를 따라다닐 것 같다는 느낌이 들어요.

살아가면서 가끔은 어떤 크고 결정적인 사건에 의해 부정적인 감정이 촉발하고, 그로 인해 삶이 휘말려 들어가는 듯한 느낌을 받는 순간도 있습니다. 그 감정은 마음속에서 소리 지르는 힘이 너무나 압도적이라서, 마치 그 감정의 주인이 당신이 아니라 그 감정이 당신의 주인 같이 느껴지는 그런 순간들이 그렇죠. 사랑하는 사람과의 이별이나 커다란 소망의 좌절, 강렬한 미움과 공포 등으로 예를 들 수 있겠어요. 어쩌면 인생에서 피할 수 없는, 그러나 누구나 피하고 싶고 마치 피할 수 있을지도 모른다고 환상을 품을 수도 있는 순간이라고 말할 수도 있겠네요. 그러한 깊은 감정의 동요는 누구나 살면서 한 번 이상 겪게 됩니다.

정신과에서 일하는 치료자로서, 저는 아무래도 이러한 순간들을 실시간으로 겪고 있고 고삐 풀린 감정을 홀로 통제하기를 어려워 하는 내담자들을 자주 만납니다. 그러한 사람들에게 정말로 많이 듣게 되는 이야기가 있어요.

"이 감정은 사라지지 않고 영원히 남을 것 같아요."

많은 내담자가 이 부정적인 감정이 영원히 남을 것 같다고 이야기합니다. 화가 나든, 울적한 기분을 느끼든, 불안한 마음에 가슴이 뛰든지 말이죠. 더 나아가 자신이 부정적인 감정의 아바타가 되기를 자처하면서, 이렇게 말할 때도 있죠.

"저는 화를 잘 내는 사람이 됐어요."
"저는 우울한 사람이 됐어요."

물론 그게 잘못됐다는 건 아닙니다. 이런 생각은 충분히 할 수 있습니다. 저도 살아오면서 그런 생각이 들었던 순간들이 있고요. 바다에 깊이 빠질수록 나오는 길은 멀고 가끔 보이지 않을 때도 있기 마련이죠. 커다란 감정의 무게를 느끼면 마치 스스로 해결할 수 없는 숙제를 받은 것처럼, 현재의 부정적인

나와 내 안의 이야기

감정에 더해 그 감정을 통제하거나 움직일 수 없을 것 같은 무력감에 빠지기도 합니다. 그러한 감정이 내 안에서 영원히 변하지 않을 것 같다는 생각이 들면 꽤 극단적이고 후회하기 쉬운 선택을 하기도 하죠.

하지만 확실하게 말할 수 있는 것은, 감정의 주인은 우리 자신이며 영원히 느끼는 부정적인 감정은 없다는 겁니다. 생각해보면 참 쉽습니다. 당신도 언젠가 살아가면서 번뜩 떠올릴 만한, 너무나 즐겁고 짜릿했던 경험을 해보았을 겁니다. 그 경험을 떠올려 보세요. 저는 수년 전 외국의 야구장에서 쳐다본 아름다운 노을이 지는 광경이 떠오르네요. 하지만 그때의 즐거웠던 감정은 그 시절에 남아있을 뿐, 제 삶에 지금까지 중요한 역할을 하는 감정적인 요소로 남아있지는 않습니다. 그때를 떠올리면서 좋았던 감정을 잠시나마 상기하는 것일 뿐이죠. 다시 말하자면, 멈추는 지점이 있었단 말이죠.

그렇다면 지금 느끼는 부정적인 감정이라고 다를까요? 저는 같은 감정이라고 부르는 요소라면, 긍정적인 감정이 멈추는 것만큼 부정적인 감정 또한 당연히 멈추는 지점이 있다고 말하겠습니다.

하지만 지금 느끼는 부정적인 감정이 영원할 것 같이 느껴지는 건, 그 감정의 무게가 우리로 하여금 합리적인 생각을 하지 못하게 만드는 것뿐이겠죠. 그렇다면 누군가 이렇게 말할 수도 있겠습니다.

"과거의 어떤 일은 지금까지도 잊히지 않고 그것을 떠올릴 때마다 가슴이 아픈데요?"

이에 대해 반론을 해보겠습니다. 앞서 말한 제 경험을 구체화해서요. 여행에서 봤던 야구장의 노을을 떠올리면 저는 지금도 기분 좋은 웃음이 지어집니다. 하지만 그 당시의 기분이 그때로부터 수년간 이어져서 저를 밤낮으로 기쁘기만 한 사람으로 만든 것은 아니지 않을까요? 나쁜 기억과 그에 수반한 부정적인 감정도 마찬가지입니다. 여기서 제가 말하고 싶은 것은, 고정되고 변하지 않는 부정적인 감정은 없고, 그러한 감정의 요동침은 당연히 어느 지점에서 멈출 것이며, 멈추는 것을 기대하는 동안에도 충분히 긍정적인 감정을 함께 삶에 담을 수 있다는 겁니다.

그렇다면 우리의 감정이 어떤 사이즈인지 감을 잡아보는 과정이 필요하겠습니다. 같은 속도로 달리는 차라도 덤프트럭과 소형차가 함께 브레이크를 밟았을 때 멈추는 지점은 다르지 않겠습니까? 그 지점에서 필요한 것은 내가 내 감정을 무엇이라고 말할 수 있는지 생각해보는 일이에요. 진료실에서 내담자에게 질문해보면 정말 너무나 많은 사람이 자기감정을 무어라 명명하길 어려워합니다. 내담자들은 그가 가진 모호한 안개와 같은 복잡한 감정의 모양으로 인해 대답하는 것을 어려워할 때도 있고, 또 어떨 때는 자기감정에 이름을 붙이거나 원치 않는 감정을 인정하면서부터 발생할 감정적인 붕괴나 이차적인 죄책감 등이 겁이 나 쉽게 말하지 못할 때도 있어요. 제가 내담자의 마음속으로 들어갔다가 나올 수는 없으므로, 제 일은 치료자로서 적극적으로 내담자가 스스로 그 감정에 이름을 붙일 수 있도록 유도하는 것이겠습니다.

당신도 비슷한 어려움을 가지고 있다면, 감정을 이해하고 이름을 붙여 보았으면 합니다. 그것이 복잡하고 여러 가지 감정이 섞인 모습일지라도 말이에요. 그다음에는 적절한 강도로 그 감정을 품고 있는지 스스로 질문해보아요.

분노를 예로 들어봅니다. 누군가가 길을 가다가 당신이 좋아하는 신발을 밟았다고 생각해보세요. 화가 나겠죠. 하지만 그 사람에게 전 재산을 사기로 빼앗은 원수에게 하는 것처럼 소리를 지르고 화를 낸다면, 길에 있는 사람들은 당신의 행동에 놀랄 거예요. 이러한 예시가 우스꽝스럽게 느껴질 수도 있겠지만, 우리는 아주 많은 상황에서 필요 이상의 감정을 엉뚱하게 낭비하기도 합니다. 세상이 무너질 정도로 불안해하기도 하고, 다시는 안 볼 사람처럼 화내기도 하잖아요. 어쩌면 그것이 인간적이라 말할 수 있을지도 모르겠지만요. 하지만 우리가 겪는 불편한 감정을 체크하고 감정의 강도에서 부적절한 부분을 발견하게 된다면, 서서히 필요한 정도의 감정을 써가며 브레이크를 밟을 수도 있겠습니다.

자, 이제 우리는 달리는 감정이라는 차의 차종과 속도를 알았습니다. 그럼 살짝 브레이크를 밟았을 때 어느 정도 지점에서 멈출지 감이 오겠죠? 미리 나의 부정적인 감정이 어느 시점에서 멈출지를 어림짐작해보는 거예요. 만일 비슷한 상황이나 기분을 겪은 적이 있다면 그때 나의 감정적 격랑이 언제 잠잠해졌는지를 떠올리면서 짐작해보는 것도 괜찮을 것 같습니다. 물론 어느 한 시점에서 부정적인 감정이 꼭 멈출 것이라는 맹목적인 믿음을 가지라는 의미는 아니라는 것을 당부하고 싶습니다. 그런 일은 오히려 우리로 하여금 조급한 기분을 들게 하고 나아가 실망감이나 좌절감에 빠지게 하는 일이니까요. 가볍게 내 마음과 느슨한 약속을 잡고 기다리는 일이라고 생각하는 편이 더 좋을 듯싶습니다. 친구와의 약속 장소에 도착해서 연락되지 않는 친구를 기약 없이 기다리는 것만큼 고통스러운 일은 없으니, 어떤 길을 통해 어떻게 오고 있다는 정보를 틈틈이 주고받으면서 여유롭게 내 마음의 평화를 기다려봅니다.

 캘선생의 한마디 이 또한 (언제, 어떻게) 지나가리라.
*괄호 안에 알맞은 답을 써보세요!

나와 내 안의 이야기

압도적으로 부정적인 감정의
나쁜 점 중의 하나는
마치 그것이 영원할 것처럼
착각하게 되는 부분인데,

이렇게
평생?

나는 우울한 사람이구나.
이 슬픔에서 나를
구해줄 수는 없을 거야.

아무도,
아무것도.

그로 인해 그 감정을 느끼는
사람으로 하여금
쉽게 무력감에
빠지게 만들거나,

극단적이고 후회하기
쉬운 선택을
하게 만들기도 한다.

이 감정에서 벗어날
방법은 하나밖에 없어….

하지만 긍정적인 감정도 멈추는 지점이 있듯이,

엊그제 파티는 참 즐거웠지! 끝나서 참 아쉽다.

그 감정이 어느 시점에서 멈출지 예상해보자.

내가 이런 상황에서 울적해지는 건 사실 당연한 일이지.

이 기분은 언제쯤 멈추게 될까?

그리고 상황을 고려해보면 필요 이상으로 울적한 건 아니야.

예전엔 이럴 때 언제쯤 괜찮아졌지?

부정적인 감정도 멈추는 지점이 있지 않을까.

언제?

멈추기는 하나?

내 감정과 느슨한 약속을 잡아보는 셈이다.

응, 지금 올림픽대로로 탔는데 차가 좀 막히네. 조금 늦을지도 모르겠어!

6시 넘어서 오겠군.

내 감정이 정확히 무엇인지 이름을 붙여보며 적절한 강도로 느끼고 있는지 살펴본 다음,

지금 내 감정은 뭐라 할 수 있을까?

그 감정이 지금 상황에서 적절한 강도로 나오고 있나?

우울

죄책감

분노

걱정

불쾌함

실망감

감정을 기약 없이 버텨내기만 하는 일에서 조금 자유로워질지도 모른다.

응, 무리하지 말고 천천히 와.

톨짝.

스스로를 해치게 돼요

자기파괴적 행동의 원인을 찾아서

이게 다 무슨 의미겠어요.

공부도, 일도. 뭐 하러 힘들게 하나 싶어요. 어차피 죽을 거. 저는 그냥, 쉽게 말해서 아무것도 잘하는 것도 없고 좋아하는 것도 없는 잉여 인간이에요. 주변 사람들도 보면 이따금 '너희도 참 의미 없는 짓을 하는구나'라는 생각이 들고요. 학교를 나가서 배우는 것도 아무 의미가 없기도 해서 거의 나가지 않았어요. 이미 여러 번 학사경고를 받은 상태이고요. 제가 제적을 당해도 그리 놀랍지 않아요. 또 하라면 하라죠. 원래 그리 가고 싶은 학교도 아니었거든요. 엄마와도 거의 연락하지 않아요. 어차피 엄마가 하는 소리는 거기서 거기라 싸우면 피곤하기만 하거든요. 이런 거지 같은 세상에 저를 낳은 엄마가 가끔 원망스럽기도 하고요.

제 일과요? 잠들고 싶을 때까지 자고 일어나 아르바이트하러 잠깐 나갔다 돌아온 뒤에 유튜브 영상 같은 걸 졸릴 때까지 보죠. 그게 전부예요. 가끔 이유 없이 너무 답답할 때는 커터칼을 꺼내서 팔을 그어 보기도 해요. 그럼 마음속 답답한 게 조금 해소가 되는 느낌이에요. 죽고 싶냐고요? 아니요. 죽으려고 그런 건 아니고요. 죽는 건 아프고 무서워서 싫어요. 그러고 보니 요즘 잠이 드는 게 힘들어서 술을 계속 마시게 되는데, 혹시 더 센 약을 지어 주실 수 없나요?

내담자가 자신을 해친다는 말을 들으면 어떤 치료자든 꽤 긴장하게 됩니다. 특히 몇 번씩 만나왔다면 더욱 그렇게 되죠. 치료 동반자의 관점에서 걱정스러운 마음이 들기도 하고, 내 치료가 잘못돼 가고 있는지 곰곰이 생각해보게 되기도 해요. 그럴 때면 치료자는 내담자가 자해행동self-mutilating behavior을 하게 된 이유를 자세히 물어봅니다. 내담자가 어떤 상황에서

나와 내 안의 이야기

무슨 의도로 얼마나 심한 상황을 만들었는지 알아야 치료의 방향을 결정할 수 있으니까요. 만일 그 자신을 통제할 수 없을 것처럼 보이거나, 생명과 안전에 문제가 있을 것으로 판단될 경우에는 치료자가 본인과 보호자의 의사를 묻고 입원치료를 권하는 일도 있습니다.

자해한 사실을 치료자에게 이야기하면서 왜 본인이 자해하게 되는지 거꾸로 물어보는 내담자도 종종 있어요. 물론 콕 집어서 정의하긴 어려운 일입니다. 원래 가지고 있던 우울함이나 불안, 정신증 등의 연장선에서 생기는 문제일 수도 있고, 그야말로 홧김에 자신의 분을 참지 못해서 하게 되는 행동일 수도 있으며, 어쩌면 남들에게 외치는 의식적(또는 무의식적) 구조 요청일 수도 있겠죠.

저는 그런 질문에 그 당시의 상황과 생각, 그리고 기분을 기억나는 대로 말해줄 수 있느냐고 되묻는 편입니다. 그리고 이에 대해 많은 내담자가 자주 하는 대답 하나를 꼽자면, 대략 이렇습니다.

> "그 당시에 무엇이라 설명할 수 없는 복잡하고 다양한 불쾌한 감정과 생각이 내 안에서 휘몰아쳐서 심각한 불안감을 느꼈고, 자해하면서 그 행위에 집중하게 되자, 나를 답답하고 미치게 했던 마음속의 소용돌이들이 좀 잠잠해졌어요."

한마디로 자신의 눈앞에 던져진 다룰 수 없을 것 같은 상황과 기분을, 자신을 해치는 행위를 통해 본질에서 잠깐 고개를 돌림으로써 고통을 피할 수 있게 됐다는 것이죠.

글의 시작을 '자해'라는 무서운 단어로 시작했지만, 이와 같은 고개를 돌리게 하는 일은 물리적으로 자신을 해치게 하는 일 이외에도 다양합니다. 폭식이나 폭음, 성적 행위에 대한 과도한 집착, 게임이나 매체 등에 대한 지나친 몰두 등을 예로 들 수 있겠습니다. 이와 같은 행위들의 공통점을 들자면, 바로 우리가 강렬하고 과도한 감각을 느끼게 된다는 것이라 말할 수 있겠어요. 너무나 강렬해서, 마치 내가 느끼고 있는 갈등과 다루기 어려운 감정들을 보던 시선을 쉽게 빼앗아 가고, 지금 당장 여기서 나에게 즉각적인 안도감을 주는 일이라 설명할 수 있겠습니다. 일반적으로 맛있는 것을 배불리 먹고 동료들과 한잔하면서 스트레스를 푸는 것과는 꽤 다른 일이겠죠. 무언가에 몰두해서 나 자신을 쉽게 세상에서 고립시키는 경지에 대해 말하는 겁니다. 짚고 넘어가자면, 고개를 돌리게 하는 일들의 두 번째 공통점은 몰두와 고립입니다.

사람은 사회적인 동물이다. 이 글을 읽는 독자들 모두 지겹게 읽었던 문장 중 하나일 거예요. 이 세상에 태어난 순간부터 우리는 다른 사람의 존재와 도움 없이는 거의 아무것도 해결할 수 없는 연약한 존재들입니다. 이는 눈에 보이는 물리적인

　　　　　　　　　　　나와 내 안의 이야기

것을 넘어 정서적인 부분도 역시 마찬가지입니다. 좋은 감정과 감각들. 예를 들면 함께 농담과 웃음을 주고받으면서 느끼는 안정감과 다정함, 어려운 사람에게 베풀며 겪는 자기만족감과 그것을 받으면서 느끼는 감사함, 다른 사람의 실수에 대한 용서와 기다릴 줄 아는 배려 등은 다른 사람 없이는 절대 얻을 수 없습니다. 이러한 감정 없이는 풍요롭고 즐거운 삶의 모습을 그리기 정말 어려울 거예요. 하지만 고개를 돌리게 하는 일들은 내가 그려가야 할 아름다운 그림을 그릴 캔버스를 쳐다보는 것을 막고, 그야말로 고개를 돌리게 합니다.

그리고 더 나아가 고개를 돌리는 일들은 내가 굳이 고개를 돌리지 않아도 될 일들에 대해서도 고개를 돌리게 하는 습관을 만들기도 합니다. 이 책에서도 빈번하게 등장하는 이야기이지만, 우리의 귀여운 뇌는 패턴을 만드는 것을 무지하게 좋아합니다. 내가 어려운 상황에서 여러 번 고개를 돌려왔다면, 나의 뇌는 어려울 것 같은 상황에서 자동으로 고개를 돌리도록 코딩을 해놓는 것이지요.

저는 가끔 음주 문제를 겪는 내담자들을 만납니다. 그들 중 몇몇은 마치 술을 마실 기회를 찾는 것 같이 느껴지기도 해요. 어떤 감정적인 동요가 생기면, 감정에 물결이 일어났다는 것만으로도 신나게 술 먹을 이유가 되는 것이죠. 그것이 기쁜 일이든, 슬픈 일이든 상관없겠죠. 내담자들이 폭식이나 폭음, 아니면 다른 고개를 돌리는 일들을 처음 시작했을 때의 이유와 감정 등을 뚜렷하게 기억할지도 모르겠습니다. 하지만 점차 고개를 돌리는 일은 내담자 본인의 감정을 위한 해소법이 아닌 그 자체가 목적이 되곤 합니다. 그렇게 된다면 감정적인 동요 상황에서 건강하고 적절하며 나를 고립시키지도 해치지도 않는 해결법을 찾기는 더욱 어려워집니다.

그러므로 저는 고개를 돌리는 일을 말하는 내담자에게 그 이유와 감정에 대해 여유를 가지고 더 자세히 언급하고, 그때 들었던 생각을 가능하다면 적어 달라고 부탁하는 편입니다. 적으면 다음에 읽을 수 있어서 좋거든요. 갑작스러운 감정의 소용돌이로 인해 심한 갑갑함과 불안감을 느꼈고, 이에 따라 잠깐 고개를 돌렸다 해도 비난받을 일은 아니에요. 다만 우리가 당시에 느꼈던 폭발적이고 뭐라 설명하기 어려운 다양한 감정이 엉킨 털뭉치들을 가지고 다시 앉아, 감정과 생각을 하나씩 천천히 살펴 풀어보면서 정말 고개를 돌릴 만한 일이었는지를 생각해볼 필요는 있습니다. 이 연습은 다시 그러한 상황이 발생했을 때 우리가 한두 템포 늦추며 지켜볼 수 있는 여유를 만들어줄 겁니다.

축구로 비유하면 지공(경기에서 시간을 끌면서 느리게 공격하는 일)에 가깝겠네요. 나를 힘들게 하는 감정이 실제로 존재하는 문제에서 생긴 감정인지, 아니면 내 안에서 스스로 만들어낸 상상력의 문제인지, 어디에서 왔고 혼자 해결할 수 있는지, 이 감정에 이름을 붙일 수 있는지 등을 조심스럽고 정확하

나와 내 안의 이야기

게 노려보는 겁니다. 만일 스스로 휘몰아치는 감정을 통제할 수 없을 것 같이 느껴진다면, 누군가의 도움을 구해볼 수도 있겠어요. 우리는 부정적인 감정의 크기가 클수록, 누군가의 도움을 받지 못할 것이라 짐작하며 타인의 도움을 과소평가하고 그 감정은 해결할 수 없는 일이라 짐작하기 참 쉬워집니다. 상대로서는 뜻밖의 연락에 더 반가워할 수도 있는데 말이죠.

자신을 해치거나 고개를 돌리며 "저를 사랑하지 않아요"라고 하는 내담자들에게 다시 한번 말하고 싶습니다. "너 자신을 사랑하라"라는 말은 너무도 많은 사람이 이야기하고 많은 가수가 노래하며 책과 영화와 다양한 매체에서 다루지만, 다소 추상적이라 우리에게 와닿지 않을 때가 많군요. 그래서 저는 당신에게 다소 우스운 이야기처럼 들릴 진 몰라도, "자신을 스스로, 귀여운 포켓몬처럼 아껴 달라"고 당부하고 싶습니다. 삶이라는 포켓몬 모험에서, 가끔은 다투고 미워하며 무리할 때도 있겠습니다. 그래도 자신에게 정리되지 않은 삶의 잔털이 있다면 털도 빗겨주고, 배가 고프다면 밥도 배불리 먹어주고, 적당히 훈련해 새로운 기술도 알차게 배워가며 즐겁게 삶의 스테이지를 한 단계씩 박살 내십쇼. 자신을 집에만 가두지 마시고, 밥만 먹이지 마시고, 사랑스럽게 잘 가꾸어 세상과의 배틀에 이겼다 졌다 해보길 바랍니다. 행운을 빌겠습니다.

 캘선생의 한마디 자세히 보아야 예쁘다. 불쾌한 감정도 어쩌면 그렇다!

언젠가 자해하는 내담자가 내게
자해의 이유를 물은 적이 있는데,

그것을 자세히 들여다보기란 쉽지 않은 법이다.

나는 단정 지을 순 없겠지만 그편이 더 즉각적으로
선택할 수 있기 때문은 아닌지 조심스레 되물었다.

일련의 자기파괴적 행동은 다른 자극적인 감각에
집중을 빠르게 돌리며 즉각적인 안도감을 주지만,

고통스러운 감정과 부정적인 생각들은
언제든 불쑥 찾아와 나를 놀라게 하곤 하고,

장기적으로는 스스로를 고립되게 만들고,

더 나아가서는
가벼운 감정의
동요만으로도

즉각적인 행동을
하는 버릇을
만들기도 한다.

오늘 왜 이렇게 짜증 나게 사람이 많지?
안 되겠다…일단 실컷 먹고 취해야겠어….

언젠가 당신에게 불편한 감정이 찾아온다면 그 녀석이 무슨 이야기를 하는지 들어보자.

이 감정이 정확히 무엇인지?

실재하는 문제에서
생긴 감정인지?

어디에서 왔는지?

혼자 해결할 수
있는지?

애옹?

누군가의 도움을
구하는 것도
좋은 방법이 된다.

주말에 혹시 뭐 하니?

어, 난데…

계속 자책하게 돼요

자기격려와 자기비난

주변에서 잘나가는 사람들을 보면 자괴감이 들어요. 저도 알아요. 그 사람들의 삶은 그 사람들의 삶, 저는 저대로 열심히 행복한 삶. 그렇게 살면 되는걸요. 그리고 그 사람들을 이기고 싶거나 경쟁하고 싶은 마음이 있는 것도 아니에요. 그냥 저 스스로 더 잘할 수 있을 것 같은데 계속해서 아쉬운 듯한 느낌이 든다는 거죠. 어떤 일이든 끝나면 항상 뒤돌아보면서 후회하게 되고, 분한 목소리가 제 뒤통수에서 들리는 것 같아

나와 내 안의 이야기

서 괴로워요. "더 잘할 수 있었을 텐데", "내가 왜 이것밖에 하지 못하지?" 주변에 이런 이야기를 해도 사실 이해를 못 해요. 왜냐하면 제가 실수가 잦거나 일을 못 하는 부류는 아니거든요. 회사에서도 인정받고 제 나이치고는 제법 높은 보직을 맡고 있기도 하고요. 그러니 조심스레 이런 이야기를 해도 그냥 "어휴, 잘하고 있는데 무슨 말이에요"라는 반응밖에 나오지 않아요. 참 한심하죠. 제가 이렇게 스트레스를 받으면서 일해도 대단한 부귀영화를 누리는 것도 아니죠. 긴장을 풀어야지, 깊이 생각하지 않아야지 하면서도 출근하면 또다시 긴장해요. 어떤 프로젝트든 업무든 항상 아쉽고, 다시 제 목소리가 저를 괴롭혀요. 책망하는 목소리죠. "왜 이것밖에 못해?"

세상에는 목표나 원동력을 찾지 못하거나 기력이 목표를 따라가지 못해 힘들어하는 사람이 훨씬 많죠. 자기 일에 열심히 전념하는 자세는 칭찬받아 마땅합니다. 원하는 것이 있고, 그 목표를 향해 힘차게 나아가는 사람들은 귀중하고, 저도 가끔 눈이 반짝이는 사람들을 부러워하기도 합니다. 그리고 그 정도가 아니라도, 저를 포함한 수많은 생활인이 분명하거나 혹은 희미한 삶의 목표와 성취의 즐거움을 향해 아침마다 정해진 시간에 일어나 출근하고 오랜 시간을 스스로 기꺼이 고통 속에 빠트리며, 그 하루 끝에 녹초가 돼서 집으로 돌아가곤 하죠. 무언가를 바라지 않는다면 이러한 지루하고 피곤한 삶의 루틴을 살기는 정말 어려울 겁니다.

네, 다들 발전하고 나아가길 원하며 자기 손에 성과와 성취라는 반짝이는 것이 쥐어지길 절실히 원하면서 살고 있어요. 지금까지 수고한 우리 자신에게, 일단 박수를 한 번 치고 시작해요!

이야기로 다시 돌아와서, 우리는 일하는 과정에서 나 자신에게 말을 걸곤 합니다. 스스로를 완전히 객관적으로 바라보는 사람은 정말 드물겠으나, 최대한 내가 아닌 다른 사람의 관점이 돼서 바라보고 평가해보려 하죠. 다른 사람과 비교해서 내가 모자란 점은 없는지, 지금 필요한 액션은 없는지, 게으르게 굴고 있거나 잘못한 일을 만들지는 않았는지 등 의문들이 의식적으로 생각하지 않아도 부지불식간에 팍팍 떠오르곤 합니다. 우리 함께 잠시 시간이 난다면 눈을 감고 오늘 나 자신에게 했던 말을 떠올려 볼까요? 생각보다 아주 많은 말을 나에게 했다는 것에 깜짝 놀랄 수도 있을 거예요. 저는 오늘 조금 정신이 없는 하루를 보냈는지 몰라도, "정신 차리자!"라는 말을 많이 건네었군요.

이것은 어쩌면 우리의 본능에 각인이 된, 생존과 관련된 활

나와 내 안의 이야기

동일지도 모르겠어요. 좋은 의미의 활동이죠! 우리가 더 나은 사람이 되도록 도와주고 발전하게 만드니까요. 하지만 모든 일들이 과하면 문제를 만들듯이, 이러한 발전을 위해 스스로 말을 거는 행동 또한 가끔은 꽤 극단적인 톤으로 치우칠 때도 있습니다.

자기격려와 자기비난은 그 경계가 너무나 모호합니다. 자신을 격려하려고 시작한 말이 감정이 격앙되면서 어느새 비난으로 빠지는 모습을 자주 만나곤 해요. 심지어 저도 가끔은 저 자신을 스스로 심하게 책망하다가도 '아차, 이 정도까지 나를 혼낼 일인가?' 싶을 때가 있으니까요. 냄비를 올린 불의 화력이 강할수록 물이 쉽게 끓어 넘치듯이, 소망이 강렬하고 마음이 조급할수록 자신을 격려하는 말은 쉽게 비난으로 끓곤 합니다. 격려가 비난으로 변하는 일은 정말 자주 있는 일입니다. 저는 그것이 잘못됐다고 이야기하며 자신을 책망하고 있는 당신을 거들고 싶지는 않습니다.

물론 스스로를 비난하고 있는 나 자신은 그것을 비난이라 인식하기가 참 쉽지 않습니다. 나아가, 상당히 거친 비난을 하면서도 그것을, 나를 위한 것이라 생각하면서 필요하다고 믿어버리기도 하는 요상한(?) 상황이 발생하기도 하죠. 교육을 위한 것이라 말하며 자식에게 '사랑의 매'를 드는 폭력적인 아버지로 비유할 수도 있겠어요. 아이를 때림으로써 아버지가 원하지 않는 행동을 하지 않도록 교정할 수 있을지는 몰라도, 아버지와 자식과의 유대 관계는 기형적으로 변해버리거나 박살이 나기 쉽습니다. 그것은 자신과의 관계에서도 마찬가지일 겁니다. 비난하는 자신과 행동하는 자신의 뒤틀린 관계가 생기곤 하거든요. 자신의 엄한 소리에 맹목적인 복종을 하거나, 자기혐오의 굴레에 들어가는 것이라 말할 수 있겠습니다.

진료실에서 자기비난의 말은 엄청나게 많이 듣습니다. 시리즈들이 있거든요. "저는 왜 이따위로 살까요?", "저는 실패자예요", "제가 없어져야 남들이 행복할 것 같아요" 등등. 이런 무서운 이야기들은 아이러니하게도 긍정적인 공통점을 가지고 있는데, 그것은 내담자의 소망이 분명히 있다는 겁니다. 다만 그것은 좌절됐거나 아쉬운 부분을 내포하고 있는 경우가 많습니다. 그래서 자기비난의 목소리에 빠진 내담자들에게, 저는 소망이 있다는 것은 없어서 헤매는 것보다는 훨씬 좋은 일이고, 자기비난을 하는 것은 그만큼의 열정이 있다는 점을 상기시켜 주곤 합니다. 앞서 예를 들었던 자기비난의 목소리들이 저는 처음부터 그렇게 독하지 않았을 거라 믿는 편이에요. 바라는 것에 몰두하고 자기평가의 허들이 높아질수록 점차 그런, 주변 사람들에게는 하지 못할 정도로 독한 이야기를 하면서 자책하게 돼 버리는 거겠죠.

하지만 가장 친밀하고 상냥하게 대해야 할 나 자신에게 왜 그렇게 못된 말을 하는지요? 당연히 실패는 생깁니다. 많이 실패하는 사람도 있고 적게 실패하는 사람도 있겠으나, 실패하

나와 내 안의 이야기

지 않는 사람은 세상에 없을 거예요. 나의 노력 이외에도 운 등의 너무나 다양한 세부적인 이유와 상황이 합쳐져 손안에 원치 않는 결과가 놓이곤 해요. 하지만 그 결과가 끝을 말하는 것은 아닙니다. 삶이 이어진다면 결과 뒤에는 또 다른 결과가 나오겠죠. 그러나 자기비난의 방향은 과거를 가리킵니다. 자신이 했던 실수나 아쉬웠던 후회 등을 가져와서 나를 앞이 아닌 뒤로 끌어당기며 자책하게 하죠.

반대로 자기격려는 미래를 비춥니다. 앞으로 생길 변수와 미처 보지 못했던 것들을 탐색할 수 있도록 나를 앞으로 이끌어줍니다. 자기비난의 방향은 나를 향합니다. 나의 잘못, 나의 자원, 나의 문제 등을 샅샅이 털어내어 보잘것없는 부분을 돋보기로 크게 보여주죠. 하지만 자기격려의 방향은 바깥의 세상입니다. 나아가는 욕구에 집중하게 하고, 불확실한 미래에 계속 부딪힐 수 있도록 용기를 주는 말이기도 하죠. 경계가 애매하고 종종 헷갈리긴 하지만 이렇듯 자기비난과 자기격려는 엄연히 다른 녀석들이며, 잘 구분해서 잘 써야 하겠죠.

이제 자신에게 하는 말을 자세히 잘 들어보아요. 가능하면 글로 써보는 것도 냉정하게 상황을 판단하는 데 도움이 될 수도 있을 것 같군요. 그 말로 인해 고통스러울 수도 있지만 용기를 받을 수 있습니다. 그러니 무시하지 말고 끝까지 들어보는 겁니다. 그리고 앞서 제가 언급했던 기준으로 자신을 비난하는 말과 격려하는 말을 구분해보아요. 아마 꽤 명료하게 구분됐을지도 모르겠습니다.

마지막으로, 비난하는 자신에게 "고맙다"고 해보세요. 이렇게요.

> 잠시만요. 고맙습니다. 당신이 제게 하는 말이 조금 아프긴 하지만, 제가 성장하라는 뜻이라는 건 저도 잘 알고 있습니다. 하지만 여기 계속 당신에게 잡혀 있을 수는 없네요. 저는 이만 가보아야겠습니다. 부디 먼저 가는 저를 지켜보아 주고, 괜찮다면 응원해주세요.

이렇게 정중히 말하고 앞으로 뛰어 나가요. 아마 비난을 늘 어놓던 나 자신도 이런 정중한 말을 듣는다면 이해해줄지도 몰라요. 갈 길이 멀잖아요. 앞으로만 가자고요.

 캘선생의 한마디 나 자신의 좋은 팬이 돼 보아요!

　　　　　　　　　　나와 내 안의 이야기

다들 발전하고 나아가는 삶을 꿈꾼다.

자신을 비난하는 말을 쉽게 헷갈리기도 한다.

너 아까는 왜 그렇게 뛰었냐?

그렇게 해서 앞서갈 수 있어?

그 과정에서 스스로 종종 말을 걸기도 하지만,

잘 뛰고 있냐?

왜 그것밖에 못해?

잘 좀 해!

가끔은 자신을 격려하기 위한 말과,

지금까진 좋아. 잘 달리고 있고 페이스도 괜찮아.

그런데.

진료실에서 자신에게 꽤 끔찍한 이야기를 하는 사람들을 만난다.

저는 왜 이따위로 살까요?

저는 실패자예요.

어떤 때는
자기에게 화풀이하는 것처럼
느껴지기도 한다.

당연히 원하지 않는 결과를
얻을 수도 있다.

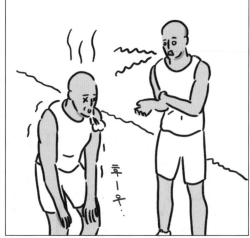

하지만 과거의 문제와
자기 모습에 집중하며
스스로를 비난하는 것에
그치는 일은 그만두자.

나아가고자 하는
욕구에 집중하고

불확실한 미래에 계속해서
부딪힐 수 있도록,

자신을 격려해보자.

내 우울함은 얼마나 심각한가요

내 마음에서 자유로워지기

주변 사람들이 제게 우울증 같으니, 정신과 진료를 받아보라 권유한 지는 꽤 오래됐어요. 그런데도 최근에야 선생님을 만나게 된 이유는, 정신과 진료를 받으면 약을 끊기 힘들다는 이야기도 들었고, 솔직히 정신과 환자로 낙인이 찍히는 것 같아서 싫었기 때문이에요. 누가 정신과에 다닌다는 이야기를 들으면 조금 그렇잖아요. 저는 병원에 오지 않아도 노력을 하면 충분히 이겨낼 수 있다고 생각했어요. 미련한 짓이었죠.

나와 내 안의 이야기

아시다시피 저는 감정을 통제하지 못했어요. 저번에 말했던 문제들이 직장에서, 집에서 생기기 시작했죠. 결국 저는 선생님을 만나고 있네요. 너무 다행히도, 제 마음은 조금씩 좋아지고 있고 진료받기로 결심한 건 만족스러워요. 어느 정도는 받아들였다 할까요.

그래도 묻고 싶어요. 저는 얼마나 심각한가요? 저 같은 사람은 저 말고도 많나요? 선생님의 내담자 중에서 저는 심각도로 따지면 어느 정도 수준이라 할 수 있나요? 선생님이 제 이야기를 들어주고 상담을 진행하는 것 자체는 너무 좋고 고마운데요. 제 상태가 "이거다"고 딱 꼬집어서 말해준 적은 없어서 괜히 불안해질 때도 있어요. 저도 제가 문제인 건 알아요, 제 진단명은 뭐라고 말할 수 있나요?

정신과 진료를 받기로 결심하는 일은 내담자에게 참 많은 용기가 필요합니다. 저로서는 일상이 된 진료실이라는 공간과 그곳에서 하는 상담이 내담자에게는 큰 부담이 되기도 하죠. 생애 첫 정신과 진료를 결정한 내담자라면 더 많은 허들이 있을 것이라 예상됩니다.

　잠시 상상해볼까요? 당신이 정신과 진료를 받는다면 어떨까요? 일단 귀중한 당신의 시간을 내야 합니다. 흔히 정신과 환자라고 이야기하는, 사실 현실과 동떨어진 미디어 속 무서운 사람의 모습이 당신이 될 수도 있음을 받아들이는 과정을 넘어야 하며, 진료 이후에 무시무시하고 독하다는 정신과 약을 처방받아서 먹어야 할지도 모르죠. 마치 당신의 마음을 한 번에 꿰뚫어 모든 것을 무너뜨려 버릴지도 모르는 냉정하고 잔인한 정신과 의사가 으스스하게 앉아서 당신의 말실수를 기다리고 있지는 않을까요? 주변에서 당신이 정신과 진료를 받는 것을 알게 된다면 어떨까요? 아마 당신은 그 이후에 벌어질 일에 대해서 정말 상상하기도 싫을 겁니다.

아주 가끔은 저도 내담자의 착잡한 마음을 잊을 때가 있습니다. 그래서 저는 의식적으로 정신과 진료를 처음 보러 오는 내담자에게 최대한 환영과 격려를 하려고 하는 편입니다. 일단 내담자는 방문하는 것만으로도 커다란 용기를 낸 셈이니까요. 내담자들은 어느 정도는 확실하고 정확한 진단의 결괏값을 원하기도 합니다. 당연한 요구사항입니다. 저도 최대한 제가 알면서 이야기할 수 있는 부분을 제공하려고 합니다.

그러나 정신과 치료의 어려운 점은, 마음의 고통을 자로 잴 수가 없다는 것이에요. 우울함이라는 녀석이 우리의 머릿속에 10센티미터 크기로 자리 잡고 있다면, 그것을 진료 때마다 줄여 나갈 수 있을 겁니다. 10센티미터의 우울함을 사진 찍어 치료의 진행 상황이 어떻게 되고 있다는 것을 내담자에게 보여

나와 내 안의 이야기

줄 수 있다면 저도 설명하기 참 쉬웠을 것 같네요. 하지만 아쉽게도 그럴 수 없습니다. 내담자는 당연히 답답할 겁니다. 얼른 자신은 마음을 정리해서 잘 지내기 위해 귀한 시간을 내서 진료받으러 왔는데, 정신과 의사가 뚱딴지같은 질문이나 하고 있다면 당연히 조바심이 나겠죠. 이미 정신과 진료를 받는다는 사실 자체로 자신을 정상 궤도에서 벗어났다고 생각하는 내담자들이 더 그런 경향을 보입니다.

그런 내담자들은 제게 이렇게 묻습니다.

> "다른 사람들도 저랑 비슷한가요? 얼마나 심각한가요? 선생님이 보는 환자들의 심각도에 순위를 매기면 저는 몇 위 정도 되나요?"

그러면 저는 이렇게 답합니다.

> "스스로 그 문제에 대해 불편감을 느끼는 만큼 심각한 것입니다."

무슨 동문서답인가 싶겠습니다. 하지만 정신과 의사는 내담자의 감정과 행동에 관해 이야기 듣고 상황을 고려한 뒤 이에 알맞은 진료를 진행하는 사람이긴 하나, 내담자의 마음속에 쏙 들어가 그의 일상과 그에 대한 반응에서 오는 고통과 불편감을 완전히 느낄 수 있는 마술을 부릴 줄은 모릅니다. 사실 제가 그런 마술을 부릴 줄 알았으면 얼마나 진료가 쉬울지 종종 상상합니다. 어떤 사람은 빙판길에서 미끄러져도 대충 털고 일어나지만, 또 다른 사람은 같은 빙판길에서 넘어져서 다리가 부러집니다. 그건 마음도 마찬가지입니다. 100명의 사람이 같은 스트레스나 상황에서도 100가지의 다른 반응과 다른 깊이의 감정을 느끼고 있어요. 그러니 저는 뚱딴지같은 질문을 계속 던지는 것이지요.

> "지금의 감정을 조금 더 자세히 설명해줄 수는 있나요? 그 감정이 본인을 괴롭힌 지 얼마나 됐나요? 잠은 어떻게 자나요? 식욕의 변화는 어떤가요?
> (···) 그로 인해 일상생활에는 어떤 문제가 생겼나요?"

이런 질문들을 체계화하고 발전시킨 것이 바로 진단입니다. 그리고 이러한 진단은 당신의 삶과 감정이 변함에 따라 유동적으로 바뀌기도 하며, 그로 인해 종종 정신과 의사는 첫 진료에서 바로 진단을 내리기보다는 조금 천천히 지켜보며 판단할 시간을 가져보기도 합니다.

이렇듯 진단은 치료를 위한 도구이지, 낙인과 비교의 도구가 아닙니다. 하지만 아쉽게도, 받아들이는 입장에 따라 조금 차이가 있기도 해요. 내담자가 답답한 마음에 자신의 진단명을

나와 내 안의 이야기

물어보았다가 듣고 나서는, 스스로 '정신과 진단을 받은 사람'이라는 낙인을 찍기도 합니다. 그것으로 인해 더 깊은 마음에 수렁에 빠지는 내담자들도 있습니다.

우울증을 예로 들어보죠. 간혹 의사에게 "우울증으로 생각된다(정식 진단명은 주요우울장애major depressive disorder)"는 이야기를 들은 내담자가 스스로 우울증 환자로 낙인찍고, 과거와 미래의 모든 불운과 불행을 우울증 렌즈로 보는 예도 있습니다. 마치 모든 불행의 이유를 깨달은 듯, 과거의 나쁜 일은 모두 나의 우울함 때문이고, 앞으로도 우울증 환자로서의 인생을 살아갈 것이며, 간혹 만나게 될 행운이나 행복은 단순히 일시적일 것이라는 믿음을 갖는 사람들도 있어요. 과장처럼 보일 수도 있겠습니다. 하지만 꽤 많은 경우로, 우울증이라는 진단을 받은 일 자체가 내담자가 기존에 가지고 있던 우울함의 무게에 하나의 짐을 더 얹는 일이 되기도 합니다.

정신과 선생님마다 진료 스타일이 다를 수도 있겠지만, 저는 내담자가 물어보지 않는 한 진단에 대해서는 어느 정도 언급을 보류합니다. 오히려 증상적인 레벨에서 이야기하는 쪽을 선호합니다(어쩌면 치료자인 제가 진단을 섣불리 이야기함에서 생길 수 있는 문제에 대한 불안과 두려움 때문일 수도 있겠네요). 그리고 진단 결과에 대해 놀라거나 걱정하는 내담자에게 설명합니다. 진단은 마치 포도밭에 비가 온다고 말하는 것에 불과해요. 비가 온다고 포도밭의 이름이 '비'가 되는 것이 아니듯, 진단명이 그 사람을 대표하는 이름이 될 수는 없겠죠. 그 비가 얼마만큼의 양으로 얼마나 오랫동안 올 것인지를 잘 알고, 맛있는 포도가 상하는 것을 막는 게 우리의 목표이니까요.

거울을 떠올려 보면 더 쉽습니다. 거울을 오래 본 적이 있나요? 저는 언젠가 주말에 얼굴에 난 잡티를 정리하다가 문득 거울을 자세히 오랫동안 본 일이 있습니다. 조금 이상한 기분이었어요. 여기저기 그동안 몰랐던 잡티나 얕은 상처도 보이고, 양쪽 턱이나 귀도 대칭이 맞지 않더군요. 다른 사람을 보는 것 같은 기분이 들었습니다. 와, 나 생각보다 얼굴에 문제가 많구나! 탄식이 나왔죠. 사실 다른 사람들도, 심지어는 나조차도 전혀 관심 있게 보지 않던 단점들이죠.

마음의 거울을 들여다보는 것도 어찌 보면 비슷하겠습니다. 가끔 내가 어떤 모습인지, 마음의 모양이 어떨지 확인하는 것은 정말 중요한 일이겠죠. 그것을 다듬는 작업은 자신을 챙기고 사랑하는 일입니다. 그러나 저는 마음의 거울을 오랫동안 자세히 쳐다보는 것은 조금 다른 문제라고 생각해요. 마치 문제를 발견해야만 하는 것처럼 자신을 들여다보고, 그 흠으로 인해 자신을 미워하고 고립시키지 않길 바랍니다!

 캘선생의 한마디 마음의 거울은 필요한 만큼만 볼까요?

나와 내 안의 이야기

진료 보러 오는 많은 사람이
정확한 진단을 듣고 싶어 하면서도
동시에 정신과 환자가 되는 것을
두려워한다.

저는 얼마나 심각한가요?

다른 사람들도
저랑 비슷한가요?

그리고 다른 내담자들은 어떤지,
그에 비교해
자신의 문제는 얼마나
심각한지에 대해
질문하고는 한다.

그럴 때마다 나는 스스로
불편감을 느끼는 만큼이라고
대답한다.

본인이 힘든 만큼,
안좋은 것 아니겠어요?

진단명을 말하는 건 조심스러운 일이다.

내담자가 진단명에 사로잡혀서
증세가 악화되는 경우가 꽤 많기 때문이다.

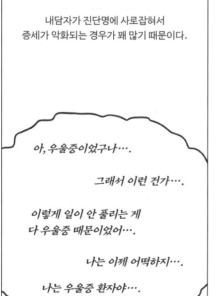

종종 거울을 본다.

아주 오랜 시간 거울을 들여다보면

내 얼굴에서 못나고 이상한 구석도
덩달아 많이 보이는데,

마음의 거울을 들여다보는 것도
어찌 보면 비슷한 일이다.

마음의 거울을

너무 지나치게 보진 말자!

Q. 역시 내 마음만 해결하면 되는 걸까요?

나와
세상에 대한 이야기

세상은 당신에게 어떤 모습인가요? 엄격한 면접관의 얼굴(😑)을 하고 있나요? 따스한 어머니의 미소(☺️)를 띠고 있나요? 오랫동안 한 표정(😑)을 유지하고 있나요? 아니면 시시각각(😳😄😟😠) 달라지며 환영과 외면을 주고받고 있나요?

　그 과정에서 당신의 기분은 어떤가요? 어떤 깊이의 불안을 느끼고, 어떤 모양의 즐거움을 흥얼거리나요?

　세상은 아무런 생각과 감정을 품지 않는 하나의 커다란 객체일지 몰라도, 앞서 물어본 다양한 질문들처럼 그 세상을 우리 안에서 어떻게 받아들이고, 때때로 그 세상이 우리에게 하는 듯한 질문을 어설프게 대답하면서 행복감을 얻기도, 좌절을 느끼기도 하죠. 가끔 나와 세상과의 대화는 감당하기가 너무나 버겁게 느껴지곤 하지만, "인간은 사회적인 동물이다"라는 케케묵은 말처럼 우리는 세상과의 소통 없이 잘 지내기가 정말 어렵습니다. 그러니 당신이 세상과의 데이트에서 피곤함을 느끼고 종종 상처받았더라도, 그와 세련되게 잘 대화하는 방법을 궁리하고 연습해보는 건 어떨까요?

이제 나와 세상의 관계에 관한 이야기를 해보아요.

인정받고 싶은 마음을 다루고, 미리 나쁜 일이 생길 것을 계획하는 듯한 습관에 대해 생각해보며, 시간의 흐름에 따라 변한 나 자신을 보는 시각에 대해 말해봅니다. 또한 어쩔 수 없이 다른 사람과 자신을 스스로 비교하게 되는 마음, 소통이 어려운 사람과의 갈등에 관한 이야기, 사랑하는 사람을 위로하는 법에 대해서도 조금씩 말해볼까 합니다.

세상과의 우당탕탕 어색한 데이트,
준비됐나요?

　　　　　　　　　　　　　　나와 세상에 대한 이야기

사람들에게 인정받고 싶어요

'그 녀석'의 열등감과 자기수용

저는 그리 좋은 부모님을 갖진 못했습니다. 그래서 학교를 졸업해서 지금까지 사는 동안 정말 미친 듯이 노력했어요. 저는 진짜 꼭 성공해야 하는 사람이거든요. 다시는 제가 살던 가난한 동네로 돌아가서 아버지처럼 살고 싶지 않아요. 저는 명성이 있고 많이 갖춘 사람들만 만나려고 노력했어요. 그 사람들이 입는 비싼 옷도 따라 사서 입었죠. 솔직히 이걸 잘했다고 말할 수는 없다는 걸 알아요. 그래도 처음에는 기분이 참

나와 세상에 대한 이야기

좋았어요. 저도 뭔가 성공한 사람처럼 느껴지기도 했고요. 그리고 실제로 저는 어느 정도 이뤘습니다. 이미 아버지보다 더 나은 곳에서 나은 삶을 살고 있어요. 이 부분에 대해서 자부심을 느끼기도 해요.

하지만 뭐랄까. 뭔가 계속 허전하고 가끔은 힘이 빠져요. 아직 사람들은 저를 가난한 촌놈으로 보는 느낌이 들 때가 있어요. 아무도 저에게 그런 이야기를 한 적이 없고, 심지어 업계에서는 저를 인정하고 손뼉을 쳐주는데도 말이에요. 뭔가 세상이 저를 놀리는 것 같아요. 저도 진짜 말도 안 되는 것을 알아요. 하지만 정말 그런 마음이 들 때가 있어요. 똑같은 옷을 입고 좋은 차를 타는데도 저는 이방인같이 느껴져요. 여전히 저는 사람들에게 인정받고 싶어요. 진짜 인정이요.

이 세상에 아이가 태어난다고 이야기해볼까요? 아이의 부모가 정말 이상한 사람이 아니라면 그들이 보기에 아이의 모든 행동은 사랑스럽기 그지없을 겁니다. 아이가 웃으면 따라 웃고, 울면 안아주며, 변을 꼬박꼬박 보는 것마저도 칭찬합니다. 아이는 그 존재 자체로 인정받아요. 이렇게 아이는 자기 행동에 따른 부모의 반응을 통해 태어난 즉시에는 알지 못했던 자기 감각을 점차 찾아가게 되고, 부모의 긍정적인 반응과 인정을 통해 가족 구성원으로서 편안함과 안정감을 느낄 수 있게 되죠.

아이는 커가면서 필요할 때마다 의식적(또는 무의식적) 행동을 통해 안정감을 찾을 겁니다. 마치 목이 마를 때 물을 찾아 마시는 것처럼요. 아이는 어떤 행동이 부모를 웃게 하고, 어떤 행동이 부모를 실망하게 하는지 탐색하고 자기 안에 품어 둡니다. 그리고 웬만하면 부모를 웃게 하는 행동을 하면서 자신이 생각한 부모의 적절한 반응을 확인하고 그때마다 가족이라는 가장 작고도 중요한 자신의 무리 안에서 애착과 안정감을 얻어내는 겁니다. 아이는 그 온기 없이는 살 수가 없어요.

이걸 사회적인 스케일로 확장해보자구요. 어려운 이야기를 하지 않아도, 인정받고 칭찬받는 일은 너무나 짜릿합니다. 흔히 일 인분이라고 하죠. 직장 생활을 해봤다면 아실 겁니다. 집단 안에서 한 사람 몫을 온전히 해내는 것은, 은근히 정말 어렵습니다. 다들 일 인분 그리고 그 이상을 해내기 위해 발버둥치고, 무리 내에서 자신이 하는 일이 어느 정도의 가치가 있으며, 어떤 역할을 하는지 알고 싶어 합니다. 우리는 사회적인 동물이고, 다른 사람 없이는 일도 할 수 없고 삶도 살 수 없는 약해빠진 녀석들이거든요.

사회라는 무리 생활 안에서 한 개인의 능력을 인정받고 긍정적인 반응을 얻는 것은 안정감을 얻는 것과 같습니다. 사회생활을 살아남기라고 한다면, 다른 사람의 인정을 받는 것

　　　　　나와 세상에 대한 이야기

은 그 생존을 이루어 내고 있다는 안도감이라고 할 수 있습니다. 인정받은 사람은 얻어낸 그 안정감을 발판으로 자신이 되는 일이 의미 있고 힘이 있다는 자기효능감을 맛보게 되기도 하고요. 이렇듯 인정욕구는 우리가 태어난 직후부터 겪게 되는 강력한 동기부여입니다.

하지만 이 세상은 사랑하는 나의 부모와 달리 나의 모든 것을 전부 사랑해주지는 않네요. 정말 섭섭한 세상입니다. 다들 그걸 알고 있어요. 그래서 누구나 자신의 여러 가지 면 중에 다른 사람에게 보여주고 싶지 않은 자신만의 면을 가지고 있습니다. 드러내면 안 될 것 같은 것이 있죠. 지금 글을 읽고 있는 당신이 시간의 여유가 된다면 잠시 눈을 감고 그 면에 대해 떠올려 보는 것도 좋을 것 같아요. 다른 사람에게 절대 보여주고 싶지 않은 내 모습을 말입니다.

이제부터 저는 그 모습을 '그 녀석'이라고 이야기하겠습니다. '그 녀석'을 미워하고 인정하지 않을수록, 그리고 다른 사람에게 인정받고자 하는 마음이 지나칠수록 당신은 점점 '그 녀석'에게 멀리 도망치려고 합니다. '그 녀석'은 당신이 아니라고 믿고 싶지만 당신의 마음 한구석에 '그 녀석'은 여전히 남아 있어요. 자기를 보지 않으려고 무시하는 당신에게 '그 녀석'은 언제나 불만을 품고 있을 거예요. '그 녀석'과 당신의 관계는 마치 고무줄로 이어진 것 같습니다. 당신이 '그 녀석'에게서 당신이 멀리 도망칠수록 고무줄의 텐션은 아슬아슬하게 높아질 거예요. 그만큼 당기는 힘은 더 많이 필요하고 당신은 서서히 지치게 되겠죠. 하지만 당신이 '그 녀석'을 안간힘을 다해 감춘다고 한들, 사실 그게 완전히 가려지지는 않습니다. 어느 순간에 누가 실수로 '그 녀석'을 발견하기도 하고, 당신이 '그 녀석'이 들통났다고 느껴 깜짝 놀라는 일이 발생하거든요. 평소 불만을 품고 있던 '그 녀석'이 당신 안에서 팍, 하고 튀어나와 모든 것을 뒤집고 망가뜨리기 시작하는 거죠. "당신도 나 무시해? 오늘 다 덤벼!"라고 소리 지르면서요. 이것은 우리 대부분의 마음속에서 일어나는 일입니다.

잠시 저의 이야기를 해보겠습니다. 저에게도 당연히 '그 녀석'이 있습니다. 저의 '그 녀석'은 열등감이 넘치는 경상도 출신 20살 촌놈입니다. 지금도 그렇지만 제가 입학할 당시 의과대학은 들어가기 어려운, 공부를 잘해야 가는 학교였죠. 지금 생각해보면 정말 우스운 이야기지만 고등학교에 다닐 당시에만 해도 저는 스스로 천재가 아닐까 생각했습니다. 열심히 하는 만큼 성적도 쭉쭉 나오니, 공부도 신났어요. 그만큼 제가 멋진 녀석인 줄 알았죠.

하지만 의과대학에 입학하니 아니더라고요. 전국 각지에서 튀어나온 똑똑하고 집안도 좋은 친구들이 흔하게 있었습니다. 그 앞에서 저는 한낱 평범한 촌놈이었습니다. 나름대로 열심히 공부해도 살인적인 공부량을 따라가기 벅찼고, 단순히 좋

나와 세상에 대한 이야기

은 성적에 맞춰서 별 대단한 목표 없이 의과대학에 입학했으니 자연스레 '내가 이걸 잘하지도 못하는데 계속하는 것이 맞나?' 하는 의문도 들었습니다. 방학마다 재시험을 치러 다니며 수년간 얕은 부끄러움과 의문의 개울에 다리를 담가 놓고 서서히 온몸이 젖는지도 모르고 살았죠. '나는 그럴싸해보여도 속은 어수룩하고 비어 있는 녀석이야.' 그동안 마음 아래 이런 믿음을 깊숙이 품고 왔던 것 같습니다.

몇 년이 지나고, 저는 의사가 됐습니다. 의사가 됐으니 의사 역할을 다해야겠죠. 하지만 저의 어수룩하고 열등감 넘치는 '그 녀석'을 숨기고 똑똑하고 빈틈이 없는 척을 하자니 무지하게 힘든 것이 아니겠어요. 특히 같은 의사들 앞에서 발표할 때면 정말 고역이었습니다. 전날 밤 오랫동안 대본을 만들고 준비해도 연단 앞에만 서면 자연스레 이런 잡다하고 의미 없는 생각이 들지 않겠습니까.

'여기 있는 사람들은 나보다 똑똑할 거야.'
'사실 그리 깊이 아는 것은 없다는 걸 들키지 않아야 해.'
'말투를 약간 바꿔서 사투리를 숨겨볼까?'

제가 생각하는 이상적인 의사처럼 보여서 인정받기 위해 '그 녀석'을 마음의 방에 가두고 저 멀리 뛰어갈수록, '그 녀석'과 이어진 고무줄의 탄성은 위태롭고 팽팽해졌습니다.

그러던 중 언젠가 근처 도시에 사는 친구를 만나러 병원에서 신던 빨간색 크록스를 신고 갔습니다. 술을 먹고 재미있게 놀 때까지는 정말 좋았어요. 하지만 문제는 돌아오는 길이었습니다. 길을 걷는데, 문득 유리창에 비친 저와 빨간색 크록스를 보게 됐어요. 뭔가 어울리지 않는 것 같다는 생각이 머리를 스치기 시작했죠. 그리고 그 생각은 걷잡을 수 없이 생각의 표면을 파고 들어가 마음속 깊은 아래에 묻어 놓았던 '나는 어수룩하고 텅 비어 있는 녀석이야'라는 생각을 콱, 하고 찔렀습니다.

사람들에게 어울리지 않는 신발을 신고 걸어 다니는 모습을 보이면 나의 그 녀석을 들키고 말 거야.

저는 이런 본능적이고 갑작스러운 위협을 느낀 거예요. 갑자기 땀이 비 오듯 쏟아지더니, 그 상황을 견딜 수가 없었습니다. 그러고는 저는 주변에 보이는 백화점으로 도망치듯이 들어가 가장 평범한 컨버스 운동화를 사서 신고 나왔습니다. 산 지 얼마 안 된 빨간색 크록스는 버리고 말았지요. 이게 뭡니까. '그 녀석'이 튀어나와 제 마음의 방을 휩쓸고 바보짓을 하게 만든 셈이죠.

제 어리석은 이야기 어땠나요? 진료실을 찾는 정말 많은 사람이 '그 녀석'과의 관계를 다루는 것을 어려워합니다. 저는 가끔 내담자에게 혹시 다른 사람이 되고 싶은지 묻기도 해요.

　　　　　　　　　　나와 세상에 대한 이야기

누군가는 '그 녀석'을 콤플렉스라 부르기도, 마음속 어둠이라 부르기도 합니다. 어떻게 부르든 상관은 없지만, '그 녀석'은 분명히 우리의 안에 있고 우리의 일부라는 겁니다. 우리가 자신의 일부분마저 부끄럽게 여기고 인정하지 못하는데, 어떻게 다른 사람의 인정도 쉽기를 바라겠습니까?

타인의 인정을 받는 일은 정말 중요한 일이긴 하나, 우리 모두 그것을 행복의 첫 번째 목표로 두진 않도록 해요. 그것은 다른 사람에게 내 행복을 위탁하는 셈입니다. 내 돈으로 남이 주식 투자를 하는 일과 마찬가지 아닐까요? 하여튼 굉장히 피곤하고 불안한 일입니다. 다른 사람에게 인정받는 일은 발전의 원동력으로 삼되, 잠깐씩 시간을 내서 내 안의 '그 녀석'도 안아주고 인정해줍시다. 그리고 '그 녀석'과 함께한 온전한 내 모습으로 즐거움과 의미를 찾아보는 건 어떨까요?

 캘선생의 한마디 온전한 내 모습을 안아준다면 인정은 천천히 따라올 거예요.

누구나 보여주고 싶지 않은 자기 모습이 있다.

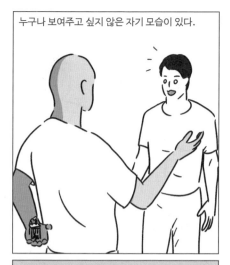

멋지고 똑똑한 동기들 사이에서 깊은 열등감을 가졌더랬다.

그렇다고 이 똑똑한 애들 사이에서 이 공부를 해내기에는 능력 부족이야…

음악을 하고 싶긴 한데 그렇다고 재능이 있는 것도, 용기가 있는 것도 아니고,

나처럼 어줍잖은 놈이 의사가 되는 건 민폐야…

내 경우는,

의과대학에 들어와 즐겁지 않은 공부를 하면서 낙제하던 시절의 모습이다.

시간이 지나 의사가 되고 나서도 그때의 못난 녀석을 남들이 알까 싶어 꼭꼭 숨기느라 바빴는데,

발표 시작하겠습니다.

또 낙제~!

내 모습 일부를 숨기면서 다른 모습으로 인정받고자 하니 참 불안하고 신경이 쓰였다.

여기 앉아있는 사람들은 모두 나보다 똑똑하겠지…?

사투리를 숨기면 그럴싸해보일까…?

발표하는 내가 사실 헛똑똑이인 걸까…?

근사한 의사처럼 보이고 싶어…!

그러던 중,

평소 일할 때 신던
빨간색 크록스를 신고
옆 도시의 친구 집에 놀러갔다.

재미있게 놀고 돌아오는 길에
비친 내 모습을 보니,

문득 빨간 크록스가
너무 어울리지 않는 것이었다.

갑작스레,

참을 수 없는 당혹감과
부끄러움이 마음속에서
불을 뿜듯 솟구쳤다.

그 짧은 순간에,

안 어울리는 신발을 신은
"나의 어색한 모습을 사람들이 알게 될 것"
이라는 생각이 들었고,

창피해⋯⋯

수년간 남들에게
애써 가려왔던
어설픈 그 녀석을
들킨 것 같아,

잘 신던 신발을 버리는
충동적이고 바보 같은 짓을 했다.

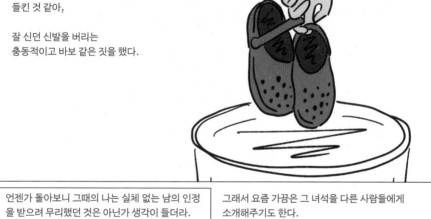

언젠가 돌아보니 그때의 나는 실체 없는 남의 인정을 받으려 무리했던 것은 아닌가 생각이 들더라.

그래서 요즘 가끔은 그 녀석을 다른 사람들에게 소개해주기도 한다.

아저씨

왜 저 부끄러워해요?

조금 부끄럽지만
꽤나 즐거운 일이기도 하다.

항상 나쁜 일만 생겨요

뇌가 불행에 익숙해질 때

새로운 사람을 만나는 게 힘들어요. 저는 지금까지 똥차 같은 놈들만 만났거든요. 다들 말하기 어려울 정도로 나쁜 짓만 했어요. 어떤 놈은 몇 다리씩 바람을 피우면서 제게 결혼을 말하기도 했고요, 어떤 놈은 저에 대해 이상한 소문을 퍼트려서 학교를 자퇴할 뻔하기도 했다니까요. 저는 왜 그런 미친 놈들한테 끌려다녔을까요? 엄청 힘들었거든요.

그런데 이런 생각도 들어요. '내가 똥차들이 모이는 차고 같

나와 세상에 대한 이야기

은 사람인가?', '좋은 사랑을 주고받지 못한 건 내 문제인가?', '내가 쓰레기 같은 남자들만 좋아하는 저주에 걸린 건 아닌가?'

제가 이 모양이라서 그럴까요? 소개팅을 받아도 똑같아요. 상대가 똥차인지만 살펴보거든요. 상대가 전 남자친구들과 조금이라도 비슷한 점이 있으면 그때부터 그것만 크게 보이고 미워져서 마음을 주기가 너무 힘들어요. 저도 그러기 싫어요. 어쩌다 교제를 시작해도 그래요. '이 사람은 결국 나를 버릴 거야, 나는 다시 상처받을 거야.' 이런 생각으로 상대에게 쉽게 실망하고 집중하지 못하겠어요. 그래서 요즘은 누굴 만나려는 노력도 안 해요. 저도 좋은 사람을 만나서 행복하게 살고 싶어요, 하지만 만남 자체가 너무 지치고 무서워요. 이런 제가 너무 바보 같아요. 제게 문제가 있다면 저를 바꾸고 싶어요.

저는 매일 출근합니다. 아침에 일어나 씻고 몸을 말린 뒤에 옷을 입어요. 차 키를 챙기고 지하 주차장으로 내려가 차를 찾은 다음 똑같은 출근길을 따라 15분 정도 운전하면 직장에 도착합니다. 그리고 일을 시작하죠. 침대에서 일어나 직장에 도착하기까지 한 시간가량 걸리지만, 그동안 제 의식적인 노력이 들어간 부분은 거의 없습니다. 이건 정말 눈 감고도 하는, 제 하루에 존재했는지조차 가물가물한 영역의 시간입니다. 물론 제가 근무 첫날부터 이런 자동화된 순서로 출근했던 것은 아닙니다.

제 뇌도 첫 출근 후 한 달여 간은 일을 많이 했겠죠. 업무에 가장 적절한 옷을 챙겨 입고, 빠른 길을 찾고, 가는 길에 무슨 가게가 있는지, 차선은 어떻게 이어져 있는지 이리저리 둘러보면서 정보를 탐색했을 겁니다. 하지만 어쩐지 요즘은 그러지 않네요. 이미 제 뇌가 정보를 패턴화해뒀기 때문에 그럴 필요가 없어진 거죠. 우리의 뇌는 패턴화를 너무 좋아합니다. 왜냐하면 안 하면 피곤하니까요! 매일 출근길을 첫 출근길을 찾아가듯이 정보를 탐색한다면 정말 피곤할 것 같습니다. 알고 있는 건 그대로 흘러가게 하는 것이 효율적이죠.

그러던 중 제가 즐겨 다니는 출근길이 도로 정비를 이유로 두 개의 찻길을 막고 공사한 일이 있었습니다. 십오 분이 걸리는 출근길이 이십 분 이상 정체가 되더군요. 저는 그 기간에 어떻게 출근했을까요? 새로운 다른 길을 찾아봤을까요?

아뇨. 저는 불편함과 교통체증을 감수하고도 오히려 평소보다 몇 분 더 일찍 일어나 며칠간 그 길로 꾸역꾸역 다녔습니다. 왜냐하면 새로운 길을 찾는 일은 역시 피곤하니까요! 새로운 길을 찾고 그 구간의 정보를 처리하는 일은 저에게 단순히 조금 일찍 일어나는 일보다 더 피곤한 일이었어요. 그리고 새

나와 세상에 대한 이야기

로운 길을 선택한 것으로 인한 불안을 저는 굳이 감수하기 싫었습니다. 어쩌면 더 빠르고 좋은 길이 있었을지도 모르겠으나, 그 기회를 포기하고 굳이 공사하는 길에 들어가 시간을 잡아먹는 미련한 짓을 했습니다. 그리고 이런 상황은 우리의 마음속에도 자주 펼쳐지는 일입니다.

가끔은 어떤 일을 앞두고 나아가는 것을 주저하며 불행해질 준비가 된 사람처럼 있는 내담자들을 만납니다. 대개 비슷한 불행을 실제로 몇 차례 몸소 겪었거나 자신에 대한 왜곡된 그림을 패턴화해서 우울과 위축의 자동화 공장처럼 돼 버린 안타까운 상황들이죠. 진료실에서 만났다는 것은, 본인도 스스로 행복과 즐거움을 찾고자 하는 의지가 어느 정도는 있다는 것으로 보입니다만, 아이러니하게도 그들은 말합니다.

"저는 알아요, 잘 안될 것 같아요."

내담자의 이런 생각은 어떨 때는 심한 불안으로, 다른 때에는 무기력과 허무감으로 진료실의 공기를 바꾸어 놓습니다. 나아가 자신이 만들어낸 외로운 안전지대에서 스스로 벗어나지 못하게 만들기도 하고요. 이유는 충분히 이해합니다. 특히 비슷한 불행을 여러 차례 겪었다면 과거와 비슷한 단서에서 앞으로 문제가 될 일을 골라내는 게 남들보다 훨씬 쉬울지도 몰라요. 하지만 저는 되묻고 싶습니다.

"정확히 무얼 어떻게 아시는지요?"

어쩌면 우리는 안다는 것에 대해 너무나도 익숙한 삶을 살고 있는 것일지도 모르겠습니다. 자동차를 타고 새로운 길을 가더라도 내비게이션이 실시간으로 우리의 위치와 정보에 대해 완벽히 알려주고, 지구 반대편에 있는 어떤 연예인이 무얼 하면서 어떤 표정을 지었는지도 우리가 원한다면 바로바로 알 수 있는 세상입니다. 중국집에서 짬뽕 한 그릇만 시켜도 내 짬뽕이 어디를 지나고 있는지 아는 세상이라니! 얼마나 신통한 시절입니까? 최근 전국적으로 유행한 MBTI 열풍과 각자의 SNS 프로필란에 적혀 있는 알파벳 네 글자를 보면서도 그런 생각을 종종 해요. 알려주고, 알고 싶어 하는구나. 저는 이런 것들을 보며 한 번도 만나보지 않은 사람도 마치 제가 아는 것 같은 착각을 하게 되기도 하고, 나는 이런 사람이니 알아 달라는 선언을 듣는 듯한 기분도 들어요.

저는 그런 익숙한 걸 알고 있음, 혹은 알고 있다고 느끼는 것들의 연장선상에서, 우리가 미래의 우발적인 상황과 그것에 대한 우리의 대처와 감정에 대해서도 쉽게 속단하게 되는 것은 아닐까 하는 생각을 자주 합니다. 그리고 우리는 알지 못하는 것에 대해 꽤 감정적으로 무방비해지는 경향이 있는 것 같이 느껴질 때가 많고요. 하지만 안타깝게도 미래는 알지 못하는 것밖에는 없습니다. 너무 불안하고 미리 알고 싶으며, 알고

나와 세상에 대한 이야기

있는 것 같이 느끼고 싶을 때도 있죠. 만일 당신의 뇌가 불행의 패턴화를 마쳤다면, 과거의 기억과 당신의 부정적인 신념 등을 이용해 여러 단서 중에서도 불행의 단서들을 선택적으로 수집하게 됩니다. 가끔은 짧은 눈 마주침과 같은 중립적인 단서들마저 부정적인 것으로 받아들이며, 알고 있지 못함으로 인한 가벼운 불안을 필연적인 불행의 미래라고 단정짓기도 합니다. 그리고 이렇게 이야기하는 거죠.

"나 이거 알아. 이 일은 잘 안될 거야."
"나 저런 사람 알아. 저 사람은 나랑 안 맞아."
"나 이런 상황을 알아. 이 사람들은 나를 미워할 거야."

그러나 다시, 되짚어 봅시다. 무엇을 알고 있나요? 알고 있는 것이 맞나요? 그리고 그 정보들이 당신이 나아가는 것에 적절한 도움을 주었나요?

나쁜 쪽으로만 생각하는 것의 단점 중 하나는, 그것 자체가 자기암시가 되기도 한다는 겁니다. 부정의 확신을 품고 실제로 우려했던 일이 일어난다면, "역시 이렇게 될 줄 알았어!"라고 말하며 부정의 성탑을 더욱더 공고히 쌓게 되기도 합니다.

그런 이야기를 하는, 마치 불행을 기다리는 듯한 사람을 좋아해본 적이 있으신지요? 저는 굳이 가까이 두고 싶지는 않습니다. 역시나 피곤하니까요! 나쁜 쪽으로만 생각하는 것은 천천히 자신을 고립시키는 일이며, 언젠가 부정의 패턴이 우리의 삶을 물들인 모습으로 다시 한번 스스로를 절망에 빠지게 만듭니다.

우리가 어떤 것을 믿고 어떤 필터로 정보를 처리하고 있는지에 대해 한 번씩 짚어가는 것이 좋겠습니다. 어쩌면 우리의 뇌는 패턴화하며 나 자신을 의도치 않게 속이고 있을지도 모를 일이에요. 당신이 걱정하고 불안해하는 상황들을 그렇게 생각하게 하는 정보들만 선택해서 보고 있는지 살펴보자고요. 미리 그려 놓은 불행의 그림 앞에 스스로 외로이 앉아서 올지 혹은 안 올지조차 알지 못하는 불행을 예상하고 걱정하며, "내 그럴 줄 알았어" 같은 말을 하길 기다리는 일은 일견 딱해보이기까지 하거든요.

이 글을 읽는 당신은 저처럼 뻔히 막히는 길로 꾸역꾸역 다니는 미련한 사람이 되지 않았으면 좋겠어요. 마치 첫 출근을 하는 긴장되고 설레는 기분으로, 불확실의 도로에 씩씩하게 나아가길 바랍니다. 지나가면서 펼쳐지는 풍경을 둘러보세요. 그 좋고 나쁜 그림을 모두 당신 안에 담아두셔요.

 캘선생의 한마디 처음 보는 영화를 스포일러할 수는 없겠죠!

나와 세상에 대한 이야기

우리의 뇌는 패턴화하는 것을 정말 좋아한다.

멋져!

나는 불편함과 교통체증을 감수하고도
며칠간 그 길로 미련하게 꾸역꾸역 다녔더랬다.

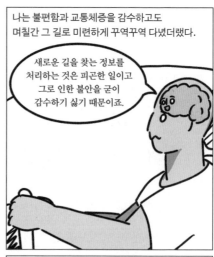

새로운 길을 찾는 정보를
처리하는 것은 피곤한 일이고
그로 인한 불안을 굳이
감수하기 싫기 때문이죠.

내겐 항상 다니는 출퇴근하는 길이 있는데,

그리고 당연하겠지만 우리의 마음도
그런 경향이 있다.

언젠가 차로 하나를 막고 공사하는 것이 아닌가?

내 안에 부정적인 핵심 신념이 자리 잡고 있다면
그것의 사실 여부와는 상관없이,

사람들은 나를
그리 좋아하지 않아.

그 필터를 통해 걸러진 정보만을 선택적으로 처리하려고 한다.

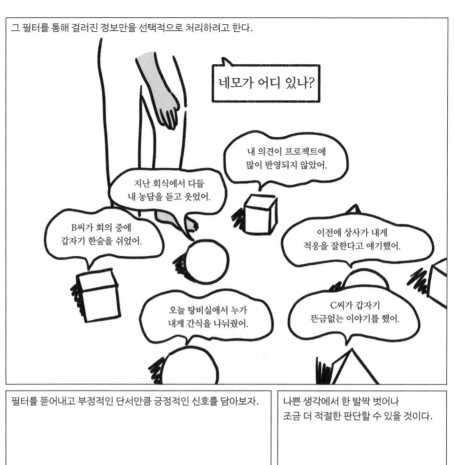

네모가 어디 있나?

내 의견이 프로젝트에 많이 반영되지 않았어.

지난 회식에서 다들 내 농담을 듣고 웃었어.

B씨가 회의 중에 갑자기 한숨을 쉬었어.

이전에 상사가 내게 적응을 잘한다고 얘기했어.

오늘 탕비실에서 누가 내게 간식을 나눠줬어.

C씨가 갑자기 뜬금없는 이야기를 했어.

필터를 뜯어내고 부정적인 단서만큼 긍정적인 신호를 담아보자.

음?

나쁜 생각에서 한 발짝 벗어나 조금 더 적절한 판단할 수 있을 것이다.

NOT BAD!

원래 이런 사람이 아니에요

진짜 내 모습? 그게 뭐예요?

저는, 사실 이런 사람이 아니거든요. 선생님은 우울한 모습만 보셔서 상상될지는 몰라도 저 원래 참 꿈도 많고 밝은 사람이 었어요. 주변에서도 성격이 참 명랑하다고 좋아하는 사람도 많았고요. 어디 모임에 나가도 제가 주도적으로 분위기를 띄우는 편이었죠. 그때, 제가 잘못된 선택을 하지 않았다면 저는 우울증에 빠지지 않았을 거예요. 그럼 선생님을 만날 일도 없었겠죠.

단 한 번의 잘못된 선택 이후로 저는 계속 잘못된 길로 가고 있어요. 잘못된 진로를 선택하니 잘못된 일을 찾고, 원하지 않는 사람들과 일하면서 자꾸 위축되고 말도 없어졌어요. 주변에도 그리 좋아하지 않는 사람들만 남은 기분이에요. 언젠가 누군가 제게 "예전의 너는 참 재미있었는데"라고 하는 것을 듣고 깜짝 놀랐어요. 사실 그게 맞거든요. 이제 예전의 밝은 모습을 사람들에게 보여주려고 해도 뭔가 억지를 쓰는 것 같고 제가 먼저 진이 빠져요. 확실히 저는 변했고, 이 모습이 너무 싫어요. 다시 원래 모습으로 돌아가고 싶어요.

"사람은 안 변해!"라고 말하는 사람들이 있습니다. 각자 타고나는 성질과 성향이 있고, 그것은 그 사람의 변하지 않는 고유의 것이라고 믿는 사람들이 있어요. 가끔은 이 주장이 상당히 일리가 있는 것 같이 느껴집니다. 타고난 천재가 평생에 거쳐 천재적인 업적을 이루어 낸 단편적인 일화들을 듣거나, 평소에 미운털이 박힌 사람이 계속해서 미운 짓을 하는 것을 볼 때면 '사람은 정말 변하지 않는 걸까' 하는 의문이 듭니다. 저도 가끔은 다른 사람들의 이런저런 이야기를 들으며 '아, 그 사람은 역시!'라는 생각을 은연중에 하기도 합니다.

나와 세상에 대한 이야기

하지만 그 말이 조금 야박하게 들릴 때도 있어요. 마치 자신과 남의 역할을 미리 그어 놓은 듯한 기분이 들기도 하고, 본인과 타인의 알 수 없는 미래에 대해 "그러면 그렇지"라는 말을 먼저 킵해두는 느낌도 듭니다. 사람은 변하지 않으니 어떤 노력을 하든 결국에는 정해진 미래에 맞춰서 행동하게 될 것이라는 말은, 어찌 보면 허무주의하고 상통하는 부분이 있겠어요. 저는 일리 있는 것처럼 들리는 그 말이, 사실은 반대되는 이면을 들여다보지 않겠다고 선언하며 일찍이 관망의 소파 위에 누워 의미 없는 위안을 찾으려는 게으른 아이디어처럼 보입니다.

정신과 의사로서도, 사람이 변하지 않는다는 것을 믿는다면 제가 진료실에서 행하는 모든 노력은 사실 큰 의미가 없겠죠. 그 말이 옳다면 명랑한 사람은 결국에는 즐거운 방향으로 삶을 이룰 것이고, 우울한 사람은 어떤 노력을 하더라도 울적하고 음습한 선택을 하면서 살아갈 것이니까요.

그래도 잠깐! 우리의 영혼이 한 면만 있는 이차원의 모습이라면 거참 얼마나 답답하고 재미없는 인생이겠습니까? 우리 얼굴도 사진 찍는 여러 각도에 따라 다른 모습이 나오듯, 영혼도 다면적이고 가끔은 의외의 모습도 지니고 있을 겁니다. 시간이 흘러가면서 상황과 감정에 따라 이리저리 변하고, 줄어들었다가 팽창하고, 통합하면서 의미를 찾아가는 것이 우리 영혼의 모습이죠. 내담자가 자기 영혼이 가진 어떤 면으로 인해 고통을 받거나 지나치게 그 면에 대해 몰두한다면 요리조리 함께 영혼을 굴려보며 다른 면을 찾고 통합해가는 것이 정신과 의사로서 제 일이라고 생각해요. 저는 사람들 간의 불편한 관계 속에서나, 삶의 어려운 과정 중에 자기 모습을 잃는 것 같다는 이야기를 진료실에서 자주 듣습니다. 그리고 변했다는 자기 모습은 대부분 그리 즐거운 묘사는 아니더군요. "저는 원래 이런 사람이 아닌데, 다른 사람이 돼 버렸어요"라는 말을 들을 때면 마치 앞서 언급한, "사람은 안 변해!"라는 말을 듣는 것과 비슷한 느낌을 받습니다. 자기 안에는 변하지 않는 멋지고 좋은 모습이 있고, 지금 내 모습은 사실 내가 아니며, 나는 이전의 모습을 기필코 되찾겠다는 어려운 선포처럼 보이기도 합니다.

저는 가끔 그런 이야기를 들으면, 내담자가 생각하는 가장 원래의 자기 모습, 혹은 가장 이상적인 모습을 자세히 묘사해달라고 부탁하는데요. 이 글을 읽는 당신도 지금 한번 그렇게 상상해봤으면 합니다. 그리고 머릿속 근사한 모습을 가상의 카메라로 찍어서 벽에 붙여보아요. 물론 벽에는 아주 멋진 사진이 걸려있겠죠? 하지만 이런…. 이미 그 모습은 이차원의 움직임 없는 심심한 모습이겠네요.

그래도 벽에 걸린 멋진 모습을 아주 자세히 들여다보는 볼까요? 그 벽 앞에서 완전히 똑같은 포즈를 취하면서 당신 앞을 걷는 사람들에게 당당히 드러내는 거죠. 어떻게 될 것 같습니까? 박수를 받을 자신 있나요?

시간이 흐르는 세상에서 살고 있는 당신이 이차원의 사진

나와 세상에 대한 이야기

속에 있는 가장 아름다운 당신의 모습을 따라잡기는 역부족이 겠죠. 당연히 땀이 흐르고 팔다리가 저리며 진이 빠지기 시작합니다. 지나가는 사람들은 의도된 각도와 조명 아래에 있는 당신이 아닌 원래 의도에서 벗어난, 전혀 예상할 수 없는 시점에서 당신을 볼 거예요. 그 사람들에게 그 모습이 정말 멋져 보이는지 알 수 없습니다. 사람들에게 가장 완벽해보이는 한 지점으로만 길을 지나가 달라고 소리를 지를 수도 없으니 당신은 답답한 마음이 들기도 할 겁니다. 오히려 지나가던 사람들은 '저 사람 왜 저래?' 하고 의문을 품으며 당신을 피할지도 모르겠네요.

그 포즈를 취하며 사진을 찍었던 당시에는 의기양양한 기분이었지만, 왠지 똑같은 포즈를 취하는 자신조차도 초반에 즐거웠던 기분이 들지 않는군요. 결국 '멋진 사진 따라잡기 대작전'은 십 분도 채 되지 않아 사진의 승리로 마무리됩니다.

우리에게는 지금의 날씨와 시간, 상황과 컨디션에 맞춰서 적절한 움직임을 취하는 것이 오히려 자연스러운 일입니다. 마음 내키는 대로 살고 멋진 모습만 보여줄 수 있다면 얼마나 좋겠습니까? 저도 언제나 긍정적이고 열심히 일하며 다른 사람에게 즐거움을 나누어 줄 수 있는 사람이면 합니다. 물론 그건 일어날 수 없는 일이라는 것도 알죠. 이 세상 누구도 그렇게는 못 합니다.

진료실에서 만나는 내담자 말고도, 주변 사람들과 이야기를 나누다 보면 다들 정말 여러 이유에서 자기 의견을 죽이고, 스스로 조금 더 피해를 보며, 가끔 화도 내고 비겁해지기도 합니다. 그럴 때, 저는 다들 조심하고 눈치 보면서 살아가고 있다는 걸 새삼 알게 됩니다. 어떨 때는 마치 자신을 스스로 부정하는 것 같은 기분이 들 정도로요. 우리 모두 '이게 맞나? 이게 아닌데?' 하는 생각이 따라올 수도 있을 거예요. 하지만 그것을 잘못됐다고 말할 수 있을지는 모르겠어요. 어쩌면 우리는 달리 생각해볼 수도 있겠습니다. 어려운 상황에 맞춰서 스스로 마음에 들지 않게 행동하는 모습 그 자체가, 잘 살아가고자 하는 의지가 있고 지키고자 하는 것이 있는 유연한 사람이라는 증거라고요.

네, 사람은 당연히 변합니다. 변하지 않는 것이 있다면, 멋진 포즈를 하며 자신을 즐기는 당신도, 부는 바람 밑에서 쪼그려 앉아 추위를 피하는 당신도 모두 높은 가치를 지니고 있다는 사실입니다. 시간에 따라 변화하는 당신도 멋집니다. 즐거울 때는 사람들과 신나게 춤을 추다가도, 비가 오면 얼른 우산을 꺼내 써야죠! 우울해야 할 때는 우울한 마음이 들어야 하고, 불안할 때는 온몸을 떨어야 합니다. 진짜 내 모습이 내 안에 있을 것이라는 고집에 빠져 비가 철철 내리는 길에 맨몸으로 뛰어다니는 일 또한 미련한 일이라 말할 수 있지 않겠습니까? 우산 아래 잠시 비를 피하는 내가 다른 모양과 가치를 지닌 다른

나와 세상에 대한 이야기

사람이 되는 것은 절대로 아닐 거예요.

지금 당신이 거센 날씨로 인해 원치 않는 포즈를 취하고 있다고 달라진 자기 모습을 미워하는 일은 없기를 바랍니다. 오히려 지금의 대처에 집중하고 스스로 격려하며 앞으로 움직여 볼 모습에 대해 멋진 구상을 해보는 것은 어떨까요? 지금의 원치 않는 그 포즈도 영원히 유지되진 않을 것이니 말이에요.

 캘선생의 한마디 나의 달라지는 모습을 유연하게 즐겨볼까요?

간혹 사람들과의 관계에서
자기 모습을 잃는 것 같다는 말을 듣는다.

그리고 내담자들이 말하는 자신의
변한 모습은 대개 부정적인 묘사를 포함한다.

자신이 생각하는 가장 원래의 모습, 혹은 이상적인 모습을 사진으로 찍어 벽에 붙여보자.

똑같은 포즈를 계속해서 유지하는 것은 엄청나게 힘든 일이고,

그리고 그 앞을 지나가는 사람들 사이에서,

자신이 원하는 각도로만 사람들이 지나갈 것이라는 보장도 없다.

똑같이 포즈를 취해보자.

…그러니

다른 사람과 '나'를
계속 비교하게 돼요

SNS로 남과 나를 잘 비교하기

어느 늦은 밤. 저는 잠들기 전 하루가 아쉬운 마음에 SNS 앱을 켰어요. 딱히 찾아볼 게 있어서 킨 건 아니고, 스마트폰 잠금만 풀면 제 손가락은 SNS앱으로 향하거든요. 일종의 습관이랄까요? 그 날도 침대에 누워 SNS 피드를 주르륵 긁어내렸어요.

개인적인 연락은 끊겼지만, 가끔 좋아요(👍)를 주고받는 친구가 들어본 적도 없는 유럽의 어딘가에서 찍은 사진을 봤어요.

체코인가? 멋지다. 음식도 너무 맛있겠다. 좋아요(👍). 독특한 말투가 재미있어서 팔로우한 ***(모 연예인)가 멋진 옷을 입고 사진을 찍은 것을 봤어요. 물론 저는 할부 없이 지를 수 없는 옷일 거예요. 갑자기 피곤함이 밀려와 팔로우를 끊을까 하다, '에이, 그래도 이 사람 웃기잖아'하고 다시 좋아요(👍). 재미있는 사진, 그 뒤의 광고, 또 광고, 처음 보는 챌린지. 아, 이 가수는 신곡이 나왔군. 업로드가 뜸했던 한 친구는 웨딩드레스를 입고 예비 남편과 사진을 찍어 올렸네. 와, 결혼하는구나. 이모지 창의 이런저런 하트와 웃는 얼굴(💜😊💜💜)을 섞어서 축하 댓글을 와르르. 다시 광고, 몸에 좋다는 즙, 피부에 좋다는 화장품, 특이한 인테리어 소품. 애는 요즘 핫하다는 카페에 갔구나. 웨이팅 줄이 되게 길다던데 역시 이쁘네. 나중에 가야지. 좋아요(👍). 멋진 남자, 몸매 좋은 여자, 다시 광고. 합격, 취업, 스튜디오에서 찍은 예쁜 사진, 보디 프로필. 다들 열심히 사네. SNS 피드를 한참 보고 나니, 침대에 누웠을 때의 졸린 느낌은 어느새 다 깨어버렸죠. 에이, 다 봤네. 그 순간, 갑자기 갈증이 났어요. 저는 그 자리에서 일어나서 냉장고 문을 열었습니다. 문득 이런 생각이 들더라고요. "나 지금 뭐 하는 거지?"

나와 세상에 대한 이야기

☆☆☆☆☆

언젠가부터 참 비교하기 좋은 세상에 살고 있다는 생각이 듭니다. SNS에 그림을 그려 업로드하는 제가 이런 말을 하긴 조금 민망한 점도 있지만, SNS에서의 소통은 달콤함만큼이나 피곤함도 큽니다. 가끔 저도 SNS를 보면서 '누가 제일 잘살고 있나~?'하고 박람회 하는 느낌을 받기도 하는데, 거기서 오는 피곤함으로 인해 소통의 달콤함이 실제로 있을까 싶기도 합니다. 주변에는 괜스레 마음만 불편해진다는 이유로 SNS 앱을 삭제하는 사람들도 더러 있습니다. 저도 어딘가 좋은 곳을 가거나 진귀한 경험을 하면 슬며시 '이거 SNS에 올릴 만한 건가?'라는 생각이 들기도 하고, 당장 올리지 않더라도 마음이 바뀔까 싶어 미련하게 사진을 와르르 찍기도 합니다.

얼마 전, 동물원에서 판다를 봤습니다. 판다라는 녀석들은 참 느긋하고 게으른 성격이 있어서 보통은 원래 있던 자리에서 벗어나려 하지 않고 자기 일에 열중하는 편이더군요. 그런데 관람 중에 그 녀석이 제가 있는 쪽으로 슬쩍 걸어오는 것이 아니겠어요? 당황한 마음에 '일단 사진부터 찍자!' 싶어서 제가 스마트폰을 집어 드는 순간, 판다는 자기 영역으로 돌아가 버렸습니다. 저는 그 찰나에 '내 SNS에 올릴 만한 것'을 놓쳤다는 생각이 들어 너무 아쉬웠고, 그 마음이 가라앉은 뒤에는 이것에 꽤 몰두하고 있는 자신을 되돌아보며 놀랐던 적이 있습니다.

자기성취를 자랑하고 인정받고 싶은 마음은 누구나 있어요. 그 마음은 비난할 수는 없을 일이겠죠. 성취를 이루고 적절한 인정을 받는 일은 사람이 가진 아주 근본적인 욕구일 겁니다. 사람은 사회적인 동물입니다. 우리가 집단 내에서 꽤 적절하고 좋은 역할을 하고 있다고 증명하는 일은 어쩌면 아~주 옛날부터 이어졌고 그만큼 당연한 욕구일지도 모르겠어요. 인정과 관심은 언제나 성취의 강력한 동기가 돼 왔고, 자랑하는 일은 가끔 내가 당신보다 우위에 있다고 하는, 우리 안의 쑥스러운 정복감과 이어질 수도 있습니다. 그것이 네트워크의 규모로 확장돼 수십, 수백 명에게 인정과 관심을 받는 것은, 옛날 사람들은 경험해보지 못한 수준의 짜릿함이고, SNS가 지구를 지배한 비결이며 우리가 하루에도 몇 번씩 '이건 업로드 감인가?'를 고민하게 된 이유일 거예요.

　그리고 그에 따라오는 부러움 또한 자연스러운 일입니다. 다른 사람이 자랑하기 위해서 내어놓은 것들을 보며 자신이 가진 것은 어떤지 확인하고 뭐가 더 나은지 비교하는 일도 지극히 본능적인 영역의 액션입니다. 개인적인 생각은 끼어들 틈이 없겠죠. 비교하는 행위는 다른 사람과 자신을 번갈아 보며 자신의 약한 부분을 확인하고 보완할 수 있다는 측면에서 꽤 긍정적인 역할을 가졌습니다. 인류의 역사에서 비교할 줄 모르는 녀석들은 도태됐을 것임이 분명해요.

　저는 진료를 보러 오는 사람들에게 "남과 비교하지 말라"

고 언급하길 피하는 편입니다. 저도 남들이 부럽고 그들이 가진 세상이 궁금한데 그런 이야기를 어떻게 진정성 있게 하겠어요. 다만 모든 것이 과하면 문제가 되듯이, 우리가 가지지 못한 자원, 능력, 외모 등은 비교하고 접할수록 아쉬운 마음이 들고, 누군가가 그것을 소유하고 있는 것을 보면서 우리 안의 상상력에 의해 쉽게 확대되고 재생산이 되곤 합니다. 부럽고 아쉬운 마음이 가끔은 열등감과 불행감의 이름을 붙이고 돌아와 보통의 상태인 우리를 공격하는 거예요.

조금은 말장난같지만, 열등감과 불행감은 일상적인 그리고 보통의 모습인 우리를 갑작스레 열등하고 불행한 사람처럼 느끼게 만듭니다. 친구가 잡은 것 중 가장 큰 생선을 쿵 소리 나게 꺼내서 의기양양하게 식탁에 올리는 동안, 우리는 내가 가지고 있는 최고의 생선이 아닌, 내 물고기 통 안에 있는 가장 작은 생선을 주섬주섬 꺼내서 몰래 자로 대어보고는 합니다. 마음속으로는 "나는 열등한 사람이야!"라고 외치고 있겠죠. 사실 친구도, 다른 어떤 이도 우리를 열등한 사람으로 만들지 않았고, 각자의 물고기 통 안에도 크고 맛있는 생선이 팔딱거림에도 불구하고요. 남의 행복을 내가 겪고 느낄 수 없듯이, 내 행복과 그에 수반하는 감각은 내 고유의 것이고 나만이 온전하게 즐길 수 있는 녀석입니다. 내가 낚은 싱싱한 생선의 맛을 충분히 음미해도 모자란 시간에 다른 사람이 잡은 생선의 맛을 굳이 상상하고 나의 다른 작고 애처로운 생선을 쳐다보며 자신을 스스로 바보 같은 낚시꾼으로 만들 이유가 없지 않겠어요?

다시 말해, 비교하는 마음을 피할 수 없다면 나 자신에게 조금 더 적절한 평가의 기회를 주어보자는 겁니다. 다른 사람이 행복한 삶을 사는 것처럼 보인다면, 나도 꽤 잘 살고 있음을 알려주는 단서들을 찾아보아요. 클리셰처럼 돼 버린, '남의 행복에 나를 맞추지 말자' 따위의 말은 어쩌면 이러한 활동에 관해 이야기하는 게 아닐까요? 다른 사람이 보여주는 행복(이라고 하는 것)의 잣대에 맞추며 자신을 너무 가혹하게 대하고 있는 것은 아닌지 체크해보는 거예요. 다른 사람의 행복은 어디까지나 우리의 상상력 영역에 있습니다. 우리가 생각하는 것보다 훨씬 더 즐거울지도, 보기보다 그리 좋지 않을지도 모르는 일이죠.

저는 당신이 남의 행복도, 그리고 불행도 함부로 손대지 않았으면 합니다. 오히려 당신이 지금 느끼는 진솔하고 즐거운 감각을, 당신이 가지고 있는 행복이라고 부를 수 있는 물건들을 아주 개인적인 마음 공간 안에서 부끄럼 없이 꺼내어 보는 습관을 기르는 것을 추천합니다.

나 자신을 행복한 사람으로 만드는 것도, 불행한 사람으로 만드는 것도 오직 나만이 할 수 있는 일이니까요.

 캘선생의 한마디 적절하고 공평한 비교를 하고 있나요?

나와 세상에 대한 이야기

비교하며
부러워하기 좋은 세상에 살고 있다.

진료하면서도 타인과 자신을 비교하면서 힘들어 하는 사람들을 종종 만난다.

나는 대체 뭐 하고 있나, 하고 자괴감이 들어요.

애는 멋진 사람이랑 결혼했네.

이 녀석은 죽이는 차를 샀군,

오우! 몸이 좋구먼.

사실 타인과 자신을 비교하지 말라는 말은 무의미 하게 느껴질 때가 많다.

왜냐하면 나도 그렇게 살고 있거든요.

내가 못하는 걸 어떻게 시켜.

정말이지 부러워 죽겠다!

부럽다, 부러워!

비교하지 못하는 놈들은 모두 죽었다.

비교 자체는 나쁘지 않다.
오히려 적절한 비교는 좋은 선택이 된다.

…다만 타인의 행복을 내 행복이 아닌,

불행이나 단점과 비교하는 일은 나 자신을 불행하게 한다.

비교하는 마음을 피할 수 없다면 스스로
조금 더 적절한 평가의 기회를 줘보자!

미처 몰랐던 자신의 가치나
즐거움을 찾을지도 모른다.

개념 없는 사람 때문에 화나요

상대를 이해하는 두 가지 명제

선생님, 이 회사는 도저히 못 다니겠어요. 보수도 좋고 일하
는 것도 나름대로 재미있어요. 그런데 문제는 사람이에요. 사
람들이 저를 정말 미치게 만들어요.

제 위에 사수 한 명이 있는데요. 아니, 제가 일에 대해 아는 것
이 없으면 저를 가르치거나 아니면 적어도 방해는 하지 않아
야 하잖아요? 그런데 보면 호시탐탐 제게 일을 던지려고 하
는 것 같고, 본인도 하는 일이 뭔지 잘 모르는 것 같아요. 그

냥 간섭만 해요. 이거 하랬다가 저거 하랬다가 반복하고. 하, 저 들어오고서 막 들어온 신입은 또 어떻고요. 걘 완전히 바보예요. 그냥 바보면 그래도 밉지나 않죠. 자존심은 얼마나 센데요?! 뭔가를 이야기하려고 하면 얼굴부터 똥 씹은 표정이 돼서 제 이야기를 듣는지 아닌지 잘 모르겠어요.

아, 정말!! 사람 때문에 매일 아침 출근길이 괴로워요. 미워하지 말아야지, 화가 나도 참아야지. 그런 생각을 하고 건물에 들어서도 그 사람들 얼굴만 보면 자동으로 화가 빡, 치밀어오른다니까요. 그 사람들만 어떻게 해결되면 참 좋은 직장이에요. 이런 개념 없는 사람들은 대체 어떤 심리인가요? 직장을 옮길 수도 없으니 이 사람들이라도 고치고 싶어요.

직장이나 학교에서 겪는 사람들 간의 마찰로 인한 스트레스는 진료실에서 자주 등장하는 주제입니다. 마음 맞는 사람들과 일하는 것이 오히려 엄청난 행운이죠. 대부분은 그리 잘 이해되지 않거나 마음이 맞지 않는 사람들과 꾸역꾸역 업무를 하고 있어요. 회사라는 규격화된 집단에서 일해보지 않은 저 같은 사람으로서는 매일 근무지에서 원하지 않는 사람들과 협력하며 투쟁하는 생활인들이 상당히 존경스럽습니다.

　　　　　　　　　나와 세상에 대한 이야기

저는 진료실에서 가만히 사람들과의 관계에서 터져 나오는 불만과 분노를 들어요. 내담자들은 분노에 가득 차서 자신이 미워하는 사람을 묘사하고는 합니다. 저는 들으면서 가끔은 '어떻게 세상에 그런 사람이 존재할 수 있지?' 싶습니다. 그 정도로 이상한 사람들이 내담자의 입에서 튀어나오곤 해요. 물론 저도 압니다. 세상에는 정말 다양한 사람이 존재하고, 그중에서는 우리가 굳이 이해할 필요 없는 악인도 있다는 사실 말이죠. 하지만 사연을 듣다 보면 세상에 존재하는 이상하고 나쁜 사람만큼이나 내담자가 이야기하는 맥락의 관점이 한쪽으로 치우쳐 있다는 느낌이 들 때도 있습니다.

우리는 어떨 때 화가 날까요? 정말 여러 이유가 있겠지만 요약하자면, 우리는 대개 누군가에게 피해를 당하는 것처럼 느껴지거나, 상황이 내 기대를 벗어날 때 화가 납니다. 두 가지 상황의 공통점이 무엇일까요? 조금 풀어서 써봅니다. 피해를 보지 않아야 하는 일에 피해를 당하는 것과, 내 생각이나 계획대로 돼야 하는 일이 되지 않는 것이라고 할 수도 있겠네요. 둘 다 '머스트'를 달고 있죠? 화나는 일을 잘 생각해보아요. 내 마음속의 관점에서 '머스트'를 달고 있는 일 중에 정말 꼭 그렇게 돼야만 하는 일이 몇이나 있나요? 보통 그런 일은 내가 임의로 부여한 강제성을 가지고 있는 일이며, 다르게는 사고의 경직성이라고 말할 수도 있겠습니다. 그리고 나의 사고가 굳을수록, 내 마음속에 '머스트'를 많이 품게 되겠죠. 그건 다시 나를 화나게 하는 잠재적인 상황을 더 많이 만들어 놓는, 마치 마음속 창고에 화약을 차곡차곡 쌓아두는 일입니다. 그래서 가끔은 내 스스로 화날 준비가 된 사람처럼 느껴지기도 하는 거죠.

그리고 굳어버린 머리로 다른 사람의 행동을 보자고요. 짜증이 확 밀려옵니다. 도대체 왜 저러는지 이해가 안 돼요. 다들 학교나 회사에서 타인의 상식 밖의 행동을 보며 '나라면 저렇게 하지 않을 텐데'라는 생각을 언젠가 품어본 적이 있을 겁니다. 그런 행동이 우리에게 직접적인 피해가 오지 않는다면 무시할 수 있습니다. 하지만 얄궂게도 꽤 높은 확률로 우리에게 흙탕물이 튀깁니다. 주변인 A에 불과했던 그 사람이 나라면 하지 않을 일을 해서 내가 받지 않아야 할 피해를 입히는 사람이 되는 순간입니다. '머스트'가 두 개죠? 당연하게도 화가 날 수밖에 없습니다.

"안 그래도 바빠 죽겠는데!" 짜증이 밀려오겠죠. 우리는 그 사람의 행동을 이해해줄 시간도, 굳이 그럴 애정도 없습니다. 그럼 어느새 마음속에는 그 사람에 관한 판단의 태그가 붙기 시작해요. 태그를 붙이고 분류를 해놓으면 이런저런 상황에서 생각하는 일이 참 쉬워지거든요. 한번 떠올려 보자고요. 마음속에 '바보', '미친놈', '싸가지' 등과 같은 부정적인 태그로 나뉘어져 있는 사람들이 몇몇 있지 않나요? 태그를 해두면, 우리는 맥락에 따라서 그 사람을 피하거나 대충 맞춰서 행동하면 되겠죠. 얼마나 쉽습니까?

　　　　　　　　나와 세상에 대한 이야기

하지만 부정적인 태그를 다는 일은 판단의 유연성마저 너무 쉽게 막아버립니다. 저는 개인적으로 세상에 나쁜 일만큼이나 좋은 기회도 다른 사람과의 관계가 없다면 오지 않는다고 생각하는 편입니다. 그 관점에서 보자면, 제가 누군가에게 부정적인 태그를 임의로 붙이고 창구를 닫는 일은 편하면서도 어쩌면 기회의 창구를 닫는 일이 될지도 모릅니다. 가끔은 그 사람이 건넨 가벼운 인사도 부정적으로 해석하고, 사소한 일이 지나간 이후에도 되새기면서 마음속 미움의 불씨를 잔잔히 유지하고 있을 테니까요. 이런 상황에서 그 사람하고 제가 어떤 긍정적인 영향을 주고받긴 힘들겠죠.

더 나아가, 실제로 큰 불행을 겪었으면 좋겠다 싶을 정도로 밉고 저와 마찰이 심해서 서로 쳐다보지 않는 사람이 있다고 가정해보아요. 제가 불행을 바라고 앙심을 품는 마음만으로 그 사람이 곤경에 처한다면 얼마나 좋겠습니까? 하지만 그 사람은 제가 지금 얼마나 미운 마음으로 그 사람의 불행을 바라는지 전혀 모를 겁니다. 미워할수록 혼란해지는 것은 제 마음이고, 인상을 쓸수록 구겨지는 것은 제 얼굴이겠죠. 그러니 미울수록 텅 빈 마음으로 대하는 것이 속이 편하겠습니다.

가끔 미워하는 상대의 심리가 무엇인지 물으며 그들을 고치고 싶다고 말하는 사람들이 있습니다. 그건 보통 연인이나 가족관계에서 생기는 불화를 다룰 때 많이 듣는 이야기예요. 하지만 정신과 의사는 마법사가 아닙니다. 저도 만나지 못한 사람의 심리를 아는 것은 불가능하며, 그 사람이 고장 난 것도 아닌데 뚝딱뚝딱 고칠 수도 없겠죠. 어쩌면 '고친다'라는 단어의 선택이 의미하는 바도 생각해보아야겠군요. 상대방에게 문제가 있다는 것을 은연중에 암시하는 것처럼 들릴 때도 있으니까요. 그럴 때면 저는 두 가지 명제를 이야기합니다.

> 1. 누구나 각자의 기준과 행동 양식이 있다. 그것은 전부 이해하기 힘들며, 말하기 전에는 더욱 알 수 없다.
> 2. 상대는 바보가 아니니 이야기하면 어느 정도는 이해할 것이다.

저는 아주 철저하게 자신의 관점에서, 상대의 잘못을 배제하고 상대와 대화를 나누는 것을 권유합니다. 만일 당신이 보기에 상대의 행동이 문제가 있더라도 말이에요. 차분히 느낀 감정과 상황에 관해서만 이야기를 해보자고요. 누구의 관점도 완전할 수는 없고 우리가 보지 못했거나 알지 못했던 부분도 분명히 있을 겁니다. 섣불리 상대의 잘못처럼 보이는 부분에 관해 이야기를 나누는 것은 오히려 상대로 하여금 깨달음보다는 상대에게 그를 통제하려는 느낌을 주며, 이는 새로운 다툼의 도화선이 되기도 합니다. 우리 모두 의식적으로 '너'라는 단어는 배제하면서 이야기하는 편이 좋겠습니다. 그게 우리가 베풀 수 있는 상대에 대한 최선의 친절이며 노력일 거예요.

나와 세상에 대한 이야기

마지막으로, 인간관계에서 사소한 일로 화가 난다면 다소 생뚱맞은 이야기이지만 일찍 자고 식사를 적절히 하는 것을 추천해요. 이 책에서 여러 차례 이야기하는 부분이기도 합니다. 당연한 이야기일 수도 있으나 우리는 컨디션이 좋으면 화도 조금 덜 나거든요. 가끔은 나쁜 컨디션에서 오는 예민함 때문에 스스로 화난 것 같다는 혼돈을 겪기도 하며, 거꾸로 내가 화날 이유를 찾는 우스운 상황을 생기기도 합니다.

분노에 빠진 사람들은 그 불길에 쉽게 휩싸이면서 한 가지 사실을 잊습니다. 분노도 자기의 것이라는 사실 말이에요.

화는 참는 것이 아니라 멈추는 것이다.

저는 이 문장을 정말 좋아하고, 많이 써먹습니다. 당신은 분노의 것이 아닙니다. 오히려 분노가 당신의 것이고, 당연히 당신이 조절할 수 있는 녀석입니다. 잠시 멈추어 생각해보고 분노를 다루어 보길 바랄게요. 싸우라는 말은 아니지만, "화이팅입니다."

 캘선생의 한마디 가벼운 마음으로 나를 화나게 하는 사람에게 내 감정을 이야기하세요. 그리고 상대에게 손을 건네 볼까요?

대개 우리는 타인에게 피해보는 것처럼 느껴지거나 상황이 기대를 벗어날 때 화가 난다.

사건이 끝난 후에도 화난 이유를 되뇌면서 마음속의 불씨를 잔잔히 유지하곤 한다.

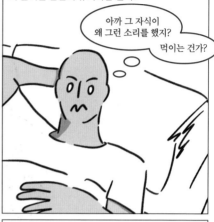

그건 어쩔 수 없지만, 가끔은 내가 화낼 준비가 된 사람처럼 느껴진다.

하지만 누구나 각자의 기준과 행동양식이 있고 우리는 이를 전부 이해하긴 어려우며,

누군가의 의도를 부정적으로 해석하기도 하며,

누군가에게 마음의 태그를 다는 일은 너무 간단하지만 판단의 유연성을 쉽게 막아버린다.

화를 내야 한다면
충분한 시간을 가지고
내가 느끼고 판단한 것만
차분히 이야기하는
연습을 해보자.

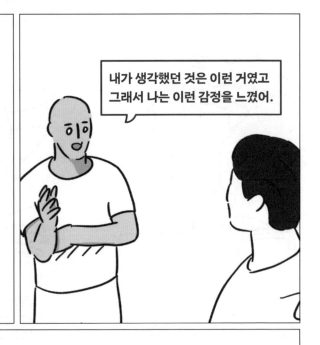

내가 생각했던 것은 이런 거였고
그래서 나는 이런 감정을 느꼈어.

우리는 상대의 의도나 판단, 감정은 절대 완전히 알 수 없고
그것을 고치는 것은 더욱 불가능한 일이다.

불 가 능 !

Fix You~

나는 여차저차 해서…

음, 그렇게 생각해서
행동한 거였군.

그리고 분노한 내가
미처 보지 못한 상황이
있을지도 모른다.

그 사람에게 힘이 될 수 없을까요?

응원은 마음의 방식

며칠 전에 제 남편이 친한 친구의 장례식장에 다녀왔어요. 그이후로 집에서는 정말 아무 말도 안 하고 있어요. 거실에서 멍하니 천장을 바라보고 있다든지, 혼자 방에 들어가서 멍하니 모니터만 보고 있다든지…. 하여튼 진짜 무서워 죽겠어요. 이러다 남편도 큰일이 나는 건 아닌가 싶어요. 덩달아 집 분위기도 말이 아니에요. 물론 가장 가까운 친구가 하룻밤에 사고로 죽었으니 저도 남편이 슬픈 건 정말 이해하죠. 남편한

테 힘내라고 이런저런 이야기를 해주고 있어요.

그런데 남편은 제 마음을 도통 모르는 것 같아요. 저와 대화를 나누려고 하지도 않고 혼자 자기 방에 들어가 몇 시간씩 있다가 나올 뿐이에요. 입맛도 없는지 밥도 몇 술 뜨다 말고요. 저도 이제 답답해 미칠 지경이에요. 하얗게 뜬 남편 얼굴을 보고 있자면 참 안쓰러워요. 친구 일은 훌훌 털고 일어나 이전의 씩씩한 우리 남편으로 돌아왔으면 좋겠는데, 이것도 어찌 보면 제 욕심인가 싶어서 저도 행동을 머뭇거리고 눈치 보게 되기도 하고요. 제가 좋은 위로를 해줄 방법이 있을까요? 남편이 행복했으면 좋겠어요.

가끔 제가 운영하는 인스타그램 계정에서는 연애 고민을 함께 나눠 보는 시간을 갖습니다. 아주 다양한 고민이 DM^{Direct Message}을 통해 저에게 도착하는데, 어떤 주제는 많은 사람들이 비슷하게 어려움으로 여기고 있는 듯해요. 그중 하나가 사랑하는 사람을 위로하는 일에 관한 질문입니다. 개인적인 고민만큼이나 사랑하는 가족이나 연인의 고통을 자신이 어떻게 다루어야 하는지에 관한 고민은 거의 항상 빠짐없이 있는 것 같아요. 상대가 고통을 해결해가는 방식에 대해 갑갑함을 느끼는 사람도 있고, 그 일이 관계에 어떤 영향을 미칠지 미리 걱정하는 사람도 있으며, 사랑하는 사람의 고통을 기꺼이 나누며 함께 짊어지고 싶어 하는 사람도 있죠. 그 의도가 각자 어찌 됐든, 누군가를 위로하고자 하는 마음은 너무나 소중합니다. 그리고 당신에게 위로해주고 싶은 소중한 사람이 있다는 것도 정말 감사할 일이겠죠.

하지만 어떨 때는 그 위로라는 것이 조금 이상한 방식으로 변질하기도 합니다. 위로하고 싶은 마음의 간절함에서 나오는 선의가 문제가 되기도 해요. 그러한 일은 보통 진료실에서 진료를 마친 뒤에 따라 들어오는 보호자들의 이야기에서 발견하기도 합니다.

> "나는 사랑하는 사람을 위해 이렇게 정성을 다하고 있는데, 왜 이 사람은 그에 맞는 적절한 반응을 보이며 나아지지 않나요?"

이런 맥락의 질문에서 시작된 의문은 굉장히 공격적입니다. 어떤 보호자들은 "나아지고자 하는 노력을 하지 않는 것 아닌가요?"와 같은 말로 저와 내담자에게 쏘아붙이기도 하고요. 보호자도 답답한 마음으로 말하는 거라 생각합니다. 사랑하는 사람의 고통을 이겨내는 과정을 지켜보는 입장의 난처함도 이해하고요. 하지만 감정을 주고받는 일은 자판기에서 음료수

나와 세상에 대한 이야기

를 뽑아 먹는 일처럼 간단하지 않아요. 우리는 모두 알고 있죠.

언젠가 원치 않는 사과를 받아본 일이 있나요? 저는 언젠가 원치 않는 사과를 받은 적이 있습니다. 상대를 대한 마음이 제 안에서 정리가 되지 않은 상황에 받은 사과는 불편하고 불쾌했습니다. 상대를 용서하고 싶은 마음이 들기도 전에 그로부터 용서를 강요받는다는 느낌이었어요. 적절하지 않은 상황에서 건네는 위로의 말도 원치 않는 사과와 공유하는 부분이 있을 겁니다. 감정을 미처 추스르지 못한 상황에서 그 감정을 향한 교정의 손길이 다가오는 것은 부담스럽기 마련이죠. 당신이 호의로 건넨 손은 그것을 받는 사람이 느끼기에는 공감과 이해보다는 오히려 온전히 그만의 것인 감정을 통제하려는 듯한 행동으로 비춰질 수도 있습니다.

조금 더 커다란 관점에서 생각해보자고요. 고통과 불행을 겪지 않는 삶은 존재하지 않을 겁니다. 누구나 사랑하는 사람과의 이별을 겪고, 크고 작은 실패를 겪으며, 원하는 대로만은 되지 않는 인생을 살고 있어요. 그리고 한 인간의 내면적인 성장은 안타깝게도 일정량의 고통을 담보로 합니다. 고통이 성장을 온전히 보장해주지는 않지만, 고통 없는 성장은 아마 찾아보기 힘들겠죠. 사랑하는 사람이 인생의 한 지점에서 그러한 고통의 구간을 통과하는 중인가요? 그럼 자세히 지켜보아요. 당신이 사랑하는 사람은 고통에 대해 적절한 수준의 반응을 보이고 있을 수도 있습니다. 당신의 이타심으로 그러한 경험에서 사랑하는 사람을 보호하고자 하거나 그 과정을 차단하고 감정을 교정하려 하는 것은, 사랑하는 사람이 고통을 통해 정서적이고 내면적인 성장을 하는 일에 방해하는 것이 될지도 모릅니다. 사랑하는 사람이 내면적인 대처법을 익히지 못한다면, 그는 다음에 있을 또 다른 고통에 대해 무방비해지고 다시 정신적으로 심하게 무너짐을 겪을 수도 있어요.

그럼, 대체 어떻게 위로할까요? 겁에 질려 구덩이 안으로 숨어버린 고양이처럼 잔뜩 움츠리며 우울의 깊은 터널 속으로 들어간 그 사람을 어떻게 다시 터널 밖으로 나오게 할 수 있을까요?

이제 제 이야기를 해보려 합니다. 엄밀히 말해서는 좋은 위로를 해주었던 제 친구 이야기입니다. 치료자로서 어찌 보면 부끄러운 이야기가 될 수도 있겠지만, 저 역시 우울의 깊은 터널을 지날 때가 있었습니다.

제 나이 29살, 그러니까 전공의 3년 차 때였네요. 자세한 일을 이 글에 남기기에는 다소 어려움이 있습니다만, 그 당시의 저는 완전히 망가진 상태였어요. 사랑하는 사람들이 모두 저를 떠나는 것 같았고, 가장 외로운 지점에 서서 혼자 매초를 새어가며 시간을 보내는 기분이었습니다. 당연히 일하는 것도 어려웠죠.

나와 세상에 대한 이야기

'이 사람보다 내가 더 불행한 사람인데 누가 누굴 진료하고 있는 거지?'

은연중에 이러한 생각이 일을 하면서도, 제 머릿속을 부유했습니다. 제 심장은 고독의 불안 때문에 미친 듯이 뛰었습니다. 저는 매일 밤잠을 이루기 힘들었고, 식사할 생각도 전혀 들지 않아 십 킬로그램가량 빠진 채 유령처럼 커다란 병원을 돌아다니곤 했어요. 전공의 숙소에서 지내던 시절이었는데, 가만히 누워 천장을 바라보다가도 '내가 세상에서 사라지는 게 세상을 향한 좋은 복수일까?' 같은 생각을 하면서 죽음의 공상에 빠지기도 했죠.

그 시절, 숙소 옆 방에 살던 친구가 있었습니다. 그 친구는 제가 겪고 있던 상황을 잘 알고 있었죠. 제가 그 친구를 붙잡고 몇 시간씩 하소연했으니까요. 그 친구는 이야기를 듣고도 별말 없이 가만히 있더군요. 그러곤 다음 날부터 가끔 장난처럼 제 방문을 열어두고 나가곤 했습니다. 저는 짜증스럽게 일어나 열린 문을 닫고는 다시 침대에 몸을 뉘었죠. 며칠이 지난 어느 평일 저녁, 친구가 제 방으로 불쑥 들어와 평소처럼 끼니를 거르고 누워 있는 제게 고기나 구워 먹자고 제안했습니다. 마침 저는 허기를 느끼던 터라 그 제안을 받아들이고 병원 근처의 고깃집으로 함께 발을 옮겼죠. 그리고 별 얘기 없이 마주 앉아 그냥 고기를 구워 먹었습니다.

그날의 대화에서 제가 겪은 일련의 이야기나 위로와 같은 말은 일절 없었습니다. 그냥 둘이 앉아서 야구 이야기만 실컷 했죠. 오랜만에 밖에서 구워 먹는 고기는 놀랄 만큼 맛있었습니다. 저는 고독한 우울함에 빠져 너무나도 당연한 삼겹살의 맛마저 잊고 지냈던 것이죠. 친구와 함께 소주 한 병을 나누어 마시고, 식사의 값을 나누어 계산한 뒤 다시 병원 숙소로 걸어가던 길을 기억합니다. 여름에서 가을로 넘어가는 저녁 날씨는 딱 기분 좋을 정도로 쌀쌀했습니다. 그리고 마법에 걸린 것처럼 그다음 날부터 저는 우울해지기 전으로 돌아갔습니다. 어이없게도 말이죠.

아직도 당시 친구의 의도는 정확히 모르겠습니다. 인제 와서 그때의 일을 붙잡고 물어보는 것도 낯 뜨거운 일이 되겠으나 만일 친구가 저의 우울함을 위로하려는 의도가 있었다면 큰 성공을 한 셈입니다. 저는 그때를 종종 떠올리며 진료 아이디어를 얻습니다. 친구가 그랬던 것처럼 저도 내담자의 어려움을 최대한 수용하고 긍정하려는 자세를 가져보려고 노력하는 거죠. 그 과정에서 공부와 진료를 하면서 쌓아온 이런저런 치료 도구들도 이해의 온기가 없이는 얼어붙는다는 것을 경험하게 됐어요.

만일 당신이 사랑하는 사람의 고통을 헤아리며 덜어주고 싶다면, 상대가 보내고 있는 고통의 시간과 그에 반응하는 행동들을 가장 다정한 마음으로 수용하는 것을 추천합니다. 저에

나와 세상에 대한 이야기

게 좋은 위로를 해주었던 친구처럼, 사랑하는 사람의 어려운 과정을 기다려 주되 고립의 늪에 빠지지 않도록 종종 방문을 열어놓아 주세요. 기분 좋지만 잊고 있을 법한 감각들을 무심하게 하나씩 제안해보는 것도 좋겠네요. 사랑하는 사람의 극복과 성장을 사랑하는 만큼 진심으로 기다리며 믿어보자고요. 좋은 마음을 가진 당신을 응원합니다.

 캘선생의 한마디 숨어버린 고양이를 큰 소리 내서 끄집어내면 안 되겠죠?

한 노인이 길에서 울고 있었다.

그러자 노인은 대답한다.

아무 소용이 없기에 우는 것이오.

지나가던 젊은이가 궁금해 그에게 물었더니 노인은 사랑하는 자식이 죽어 눈물을 흘린다고 대답했다.

영감님, 도대체 무슨 일입니까?

자식이 엊그제 죽었소.

진료를 보다 보면 내담자의 불행과 우울 앞에서 가끔 내 말이 길어진다.

이러쿵 저러쿵

이러면 좋고 그러면 안 되고,

젊은이는 이렇게 이야기한다.

그 마음 정말 안타깝습니다.

훌훌 털고 일어나십쇼.

하지만 눈물을 흘리는 게 아무 소용이 없다는 것을 알고 계시지 않습니까?

치료자의 조급증이라 변명할 수도 있겠다.

왜 저 사람은 빨리 낫지를 않지…

어떤 말과 모습으로
위로해주는 것이 좋을지는,

사람마다
다 다를 수 있으나,

치료자로서 그 과정을
최대한 수용하고 긍정하겠다는
방침을 가져본다.

저는 내담자가 겪고 계신 고통을
완벽히 이해할 수 없을지도 모릅니다.

그러니 무어라 평가할
자격도 없습니다.

무슨 말을 해줘야 할까?
가만히 있어야 할까?

다만 최대한 듣고
도와드리고 싶으니,

편하실 때
이야기해주세요.

소용이 없는 일을
하는 것처럼 보일지라도 말이다.

*해당 에피소드는 미겔 데 우나무노의 《삶의 비극적 감정Del sentimiento tragico de la vida en los hombress y en los pueblos》을 일부 참고했습니다.

지금,
여기에 대한 이야기

저는 진료하면서 지금, 여기에 관해 자주 묻습니다. 내담자는 어렵게 답하고, 저는 보통 이렇게 말합니다. "지금 여기서 행복해야 하고 좋은 생각을 떠올려야 해요." 한 사람의 인생이나 역사는 지금, 여기들의 페이지를 묶어서 만들어낸 책입니다. 그러니 저는 오늘 당장 지금 여기서, 운이 좋다면 내일까지 꼭 행복해야 한다고 강력히 주장합니다. 이건 수년 전 매체에서 유행했던 욜로YOLO, You Only Live Once 열풍에 뒤늦게 동참해서, 가진 것을 다 쓰고 할 일은 일단 미루며 신나게 시간을 보내라는 말은 절대 아닙니다. 부디 오해하지 마세요! 알맹이 없고 수시간 뒤면 잊힐 쾌락을 좇는 것은 안정감과 애착, 행복감을 느끼는 것과는 완전히 다른 이야기입니다.

세 번째 챕터에서는 지금 내가 여기서 겪는 감정들과
생각들에 대해 다루어 볼까 합니다.
우리는 안타깝게도 삶의 시작부터 끝까지
불운과 고통 없이 깨끗하게(?) 살 수 없는 가련한 녀석들입니다.

어쩌면 제가 앞서서 말한 "지금 당장 행복해야 합니다!" 같은 이야
기가 당신에게 너무나 순박하고 울림 없는 텅 빈 이야기처럼 들릴지도
모르겠어요. 그래도 시도는 해야죠! 100점을 목표로 해야 80점이라도
맞지 않겠습니까?

지금, 여기에 대한 이야기

내가 너무 못된 걸까요?

무언가 큰 잘못을 하고 있다는 감각

결혼하고 아이를 가질 때만 해도 이런 상황에서 살아가게 될 줄은 몰랐어요. 모든 길이 행복으로 펼쳐진 것만 같은 기분이었으니까요. 그런데 보세요. 제 기분 하나도 견뎌내지 못해서 정신과에 왔잖아요. 딸은 커가고 있고 여기저기 챙길 건 많은데 저는 가끔 너무 우울하고 슬퍼요. 아이를 생각하면 일도 잠시 그만두는 게 좋겠다는 마음도 굴뚝 같죠. 하지만 쥐꼬리만 한 월급에 형편상 그것도 어려울 것 같고요, 저나 남편도

지금, 여기에 대한 이야기

퇴근하고 집에 오면 피곤해져서 얼른 저녁을 먹고 잠에 들기 바빠요. 둘 다 아이랑 잘 놀아주지도 못하고 있고요. 매일 같이 답답한 인생을 쳇바퀴 굴러가듯이 살고 있다는 느낌이 들어요. 가끔 어머니가 오셔서 손녀를 봐주시긴 하는데, 그것도 한두 번이어야죠. 물론 남편도 아이도, 정말 사랑해요. 함께 있으면 좋고요. 그래도 결혼은 현실이라는 말이 맞는 걸까요?

'내가 결혼하지 않았더라면 더 좋은 삶을 살았을 텐데.', '아이가 없이 살았으면 조금 더 즐거운 결혼생활을 했을 텐데.' '역시 내가 선택을 잘못한 건가.' 이런 생각이 문득문득 들어서 스스로 깜짝 놀라요. 저는 멍하니 거실에 앉아서 쓸데없이 되뇌어요. '내 선택이 실패였을까, 그럼 우리 남편과 딸도 실패한 선택의 결과일까.' 죄책감이 들어요. 저는 정말 나쁜 엄마예요. 이 우울감을 하루빨리 없애고 싶어요. 어떻게 하면 좋을까요?

우리는 하나의 상황에서 한 가지 감정만 느낄까요? 글쎄요. 자전거를 타고 빠르게 달리면서 짜릿함과 불안감을 동시에 느끼기도 하고, 많은 사람에게 칭찬받으면 뿌듯함을 느끼면서도 부담감을 같이 느끼기도 하죠. 이처럼 감정은 하나의 면만 가진다고 말할 수는 없겠습니다. 감정은 다면적인 성질을 갖고 있습니다. 그리고 어떤 면은 보고 있기 참 불편하죠. 특히 나 자신을 도덕적인 잣대로 판단할 때는 더욱 그렇습니다. 흔히 우리가 사회적인 차원에서 보이거나 품어서는 안 된다고 하는 감정들이 있잖아요. 예를 들면, 질투나 분노, 앙심, 실망, 섭섭함을 떠올려 볼 수 있겠네요. 이런 녀석들은 참 품고 있기 힘들고, 그 감정을 느끼는 상황은 불쾌합니다.

언젠가 저는 친구들과의 모임을 위해 좋아하는 코트를 입고 버스에 탄 적이 있습니다. 그런데 웬걸, 코트 앞섶의 단추가 바느질이 풀어져서 걸을 때마다 덜그럭거리지 않겠어요. 그렇다고 집으로 돌아가 단추를 다시 꿰맬 수도 없는 노릇이었죠. 제가 바느질을 잘하는 편도 아니라 하루 종일 그 단추가 덜그럭거려도 냅둬야 했습니다. 저는 저녁 모임 후에 걱정스럽고 찝찝한 마음을 안고 집으로 돌아갔습니다. 그날의 코트는 제가 좋아하는 코트가 아니라 단추가 덜그럭거리는 불편한 코트가 돼 버렸습니다. 버스에 탄 승객이나 친구 중 누구도 코트의 단추가 덜그럭거린다는 것을 알지 못하지만, 저는 그걸 알았고 불안해하며 조금 부끄러워하기도 했어요.
어쩌면 불편하고 보기 싫은 감정을 품고 있다는 것은 아무도 의식하지 못하는 덜그럭거리는 단추를 달고 걷는 것과 비슷합니다. 다른 사람들은 내 마음속 못된 감정을 모를 겁니다. 하지만 우리는 그 마음만으로 내가 그냥 나쁜 사람이 된 것 같고 그 감정을 즉시 고치거나 얼른 떨쳐내어 없애야 한다는 압박감을 느끼기도 합니다. 괜히 그 단추를 의식하고 이상한 움직임을 취할 때도 있어요. 그럼 옆에 있는 누군가가 물어보겠죠.

"너 오늘 왜 그래? 무슨 일 있어?"

하지만 아쉽게도 덜그럭거리는 단추와는 달리, 자연스럽게 피어나는 우리 내면의 부정적인 감정은 바로 고치거나 떼어낼 수 없습니다. 가끔 내 안의 부정적인 감정을 없애고 싶다고 말하는 내담자도 있으나, 그것을 완전히 없애는 것은 불가능합니다.

여기서 제가 정말 즐겨 쓰는 예시를 소개하겠습니다. 참고로 예시의 모티브는 로버트 L. 레이히의 《정서도식치료》에서 얻었습니다.

당신은 어떤 모임을 나갔어요. 거기서 아주 말이 잘 통하고 재미있는 사람을 만났고 그와 단숨에 친해지게 됐습니다. 이 모임이 끝난 이후에도 당신은 그 사람과 친구를 하며 잘 지내고 싶어요. 그러나 모임이 끝날 무렵 그 사람이 당신에게 이야기합니다.

"오늘 너무 재미있었어요. 이렇게 즐거웠던 자리는 참 오랜만이네요. 사실 제가 한동안 죄책감과 우울감 때문에 정말 오랫동안 고생을 했거든요. 그런데 어느 병원에서 불쾌감을 없애주는 뇌 수술을 한다고 임상 실험 대상자를 모으고 있더라고요. 저는 지난달에 그 수술을 받았어요. 참 즐거운 일밖에 없네요. 지금 인생이 너무 행복해요. 저는 이제 죄책감이나 우울감을 전혀 느끼지 않게 됐어요."

이 놀라운 이야기를 듣고 당신은 어떤 생각이 드나요? 여전히 그 사람을 가까운 친구처럼 느끼고 자주 연락할 것 같나요? 아니면 뭔가 이상하고 소름 끼치는 기분을 느끼고 조금 거리를 둘 것 같나요? 저는 왠지 기계적이고 꺼림칙한 느낌이 들어 그 사람과 자주 만나지는 못할 것 같아요. 그 사람과 만나면 재밌고 즐겁기만 해도 말이죠. 아무리 절륜한 의사 선생님이 저의 불편한 기분을 잘라내어 제거해준다고, 선뜻 그 병원이 어디인지 묻고 찾아가고 싶지도 않고요. 이렇듯 어떤 감정을 켜고 끄는 일은 기계가 아닌 우리에게는 부자연스럽습니다. 그게 긍정적인 감정이든, 부정적인 감정이든 상관없는 것 같아요. 불편한 감정은 오히려 우리를 인간적인 사람으로 만드는 것일 수도 있습니다.

하지만 우리가 그 감정을 대하는 태도나 대처 방식에서는

지금, 여기에 대한 이야기

문제가 생길 수 있습니다. 진료실에서 감정 자체가 자기비난의 연료가 돼서 활활 타오르는 모습을 종종 봅니다. 그들은 마치 다른 사람의 빵이라도 실수로 훔친 것처럼 자기 인생에서 겪어서는 절대로 안 되는 나쁜 감정에 빠져, 스스로 끄고 켜듯이 통제할 수 없는 불편함을 겪는 게 어렵다고 하기도 해요. 나아가 이 어려움 때문에, 만나는 진료실의 정신과 의사에게도 이 감정을 털어놓는 게 부끄러워서 자세히 설명하지 못하는 경우도 많죠.

무언가 내가 잘못하고 있다는 감각은, 더 나아가 스스로 일반적이지 않은 일을 하고 있다는 느낌으로 이어지기도 합니다. 당신이 불편하고 잘못된 감정으로 인해 어려움을 겪고 있고, 이는 일반적이지 않으며 다른 사람들은 자신과 같지 않을 것이라는 생각으로 뻗어가기도 한다는 말이에요. 그러니 하루빨리 이 잘못된 감정을 없애고 다른 사람들처럼 행복하게 살고 싶다는, 약간은 핀트가 나간 욕망으로 발전하기도 합니다. 하지만 그것은 너무나도 막연하며 이루기 어려운 욕망입니다.

치료자로서 저는 내담자가 특정 상황에 대해 적절한 반응을 보인다면, 그것을 자세히 설명하려 하는 편입니다.

"미운 감정 또한 그 상황에서는 누구나 겪을 수 있으며 그러한 마음을 품은 것을 가지고 스스로를 가혹하게 대하는 일은 더욱 자신을 불행하게 만드는 일이 될 수 있습니다. 오히려 감정을 수용하고 현실적인 지점에서 그것이 어떤 의미가 있는지 한번 생각해보는 것을 추천합니다."

누군가를 질투하고, 어떤 일에 대해 실망하고, 무언가를 불편할 정도로 간절히 원하는 일은 오히려 그 마음을 품은 사람에게 건강한 욕구와 동기가 있다는 의미일 수도 있죠. 우리가 잠깐 리모컨을 냉장고에 넣고 잃어버리는 바보 같은 짓을 했다고 우리의 모든 면이 바보 같다고 할 수는 없습니다.

감정도 그렇죠. 복잡하고 불편하며 죄책감을 느끼게 하는 감정을 품는다고 해서 단순하게 우리가 나쁘거나 이상한 사람이 되는 건 아닙니다. 저는 내담자와 함께 그러한 감정에 대해 자신이 원치 않는 면이 아닌 다른 면을 요리조리 돌려 생각해보고 그것을 가져와 어떤 식으로 나아갈지 고민해보려고 합니다.

이런 작업은 군이 진료실이 아니라도 할 수 있습니다. 가령 예술도 하나의 방법이 될 수 있겠습니다. 세상에는 좋은 예술이 많습니다. 작품을 보고 감동도 하면서 그 감격을 온전히 느껴보세요. 무슨 생뚱맞은 소리인가 싶겠지만, 슬플 때는 슬픈 노래를, 화날 때는 시끄러운 노래를 듣는 것이 좋겠습니다. 이 작업은 당신 안에 담고 있기 불편하고 조금은 인정하기 싫은 감정들을, 비슷한 상황과 감정을 겪은 다른 사람의 작품이 주

　지금, 여기에 대한 이야기

는 표현을 통해 공감받도록 한다고 할 수 있겠어요.

　불쾌한 감정이 당신을 고통스럽게 만들더라도 그 자체로 틀리거나 혼자만 겪는 일은 아닌 것을 확인하고, 더 나아가 스스로에게 약간 더 관대해질 기회를 주세요. 마음을 여러 방향에서 잘 돌려보며 사랑스럽게 지켜보면서요. 코트의 단추가 조금 덜그럭거린다고 해서 당신이 가장 좋아하는 코트를 미워하진 않길 바랍니다.

 캘선생의 한마디　나 자신을 너무 엄하게 대하진 마세요!

어떤 감정은 꽤 힘들다.

우리는 그 감정을 품고 있는 내가
나쁜 사람이 된 것 같기도,

그 감정을 즉시 없애야 한다는
압박감을 받기도 한다.

이런 기분은
잘못된 거야.
얼른 떨쳐내야 해.

보통 우리의 감정은 잘못되지 않았다. 잘못된 것은 감정에 대한 태도나 대처방식일 것이다.

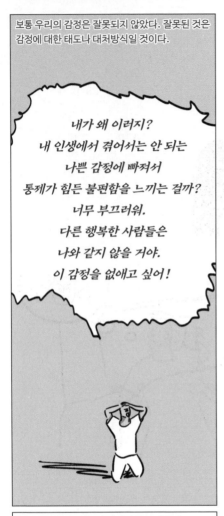

내가 왜 이러지?
내 인생에서 겪어서는 안 되는
나쁜 감정에 빠져서
통제가 힘든 불편함을 느끼는 걸까?
너무 부끄러워.
다른 행복한 사람들은
나와 같지 않을 거야.
이 감정을 없애고 싶어!

누구나 겪을 수 있는 감정적인 동요 때문에 자신을 가혹하게 대하는 것은 너무 슬픈 일이다.

너 대체.

왜 그래?

내 감정을 수용하고 현실적인 지점에서 내게 그것이 어떤 의미인지 생각해보자.

내가 이런 복잡하고 불쾌한 감정을 품었다고 내가 나쁘거나 이상한 사람은 아닐 거야.

오히려 간절히 원하고 실망할 것이 있다는 게 건강한 사람이라는 말일지도 모르지.

다르게 볼 여지는 없을까?

이 감정은 무슨 의미일까?

슬플 때는 슬픈 노래를, 화가 날 때는 시끄러운 노래를 듣는 것도 좋다.

같은 감정이 경험을 겪은 타인의 표현을 통해 내 마음이 고통스러울지언정 틀리지 않음을 느끼고

그래, 가끔은 참 외롭고 쓸쓸한 일이야~

나아가 스스로 조금 더
관대해질 기회를 주는 것이다.

세상에 돈만 한 게 없잖아요

이것만 맞고, 그것은 틀렸다?

솔직히 돈만 한 게 없잖아요. 세상에 돈이 전부가 아니라는 말은 돈 없는 사람들이나 하는 이야기죠. 요즘 같은 100세 시대에는 악착같이 돈을 모아야 든든한 노후를 보낼 수 있을 겁니다. 욜로니 뭐니 돈이나 펑펑 쓰면서 사는 사람들은 어리석고 한심하잖아요. 선생님은 그런 바보 같은 사람들을 많이 만나니 잘 알잖아요?

딱 45살. 저는 그때까지 30억을 만들고 제 사업을 시작할 거예요. 20살 때부터 목표를 그렇게 정했어요. 그래서 최대한 지출은 아끼고 꾸준히 경제 공부도 하고 있어요. 매일 저녁, 퇴근하고는 배달 아르바이트 같은 부업을 하면서 쓸데없는 모임도 자제하고 있고요. 조금이라도 더 벌어야 하는 데 그냥 허비하는 시간이 너무 아깝잖아요.

짠돌이라는 소리를 종종 듣긴 하죠. 근데 상관없어요. 자기들이 멍청하게 돈을 흥청망청 쓰면서 사는 거죠. 제 사업을 일으켜서 성공하면 저처럼 성공한 사람들도 자연스럽게 제게 붙을 거니까 굳이 자잘한 인간관계는 신경을 안 쓰려고요. 그럼 그때 저한테 짠돌이라고 했던 사람들은 자기들이 잘못된 선택을 했다는 것을 깨닫게 되겠죠!

언젠가 학회에서 주관하는 온라인 세미나에 참석해서 강의를 들었습니다. 그때 저는 진료하면서 내담자들이 겪고 있는 애착과 관련된 문제를 다루는 것에 어려움과 갈증을 느끼고 있었죠. 전문의 시험을 치면서 이런저런 이론에 관해 공부하긴 했으나, 급하게 수박 겉핥기로 훑었던 느낌이었거든요. 그것만으로는 부족했습니다. 공부를 별로 즐겨하지 않던 제가 그 아쉬움 때문에 세미나에 참석하게 된 겁니다. 마침 연사로 나오신

지금, 여기에 대한 이야기

선생님은 그쪽 부분에 일가견이 있었고, 두 시간 남짓한 강의 동안 마치 저의 갈등을 알고 나온 사람처럼 너무나 좋은 가르침을 줬습니다. 그때, 저는 눈이 탁 뜨이는 느낌을 받았습니다. 그 선생님의 팬이 됐다고 할까요.

저는 그 선생님의 책을 찾아보기도 하고 세미나에서 배운 이론에도 깊은 관심이 생겨서 열심히 공부했습니다. 그렇게 공부를 피하던 내가 능동적으로 무언가를 알아보고 거기서 즐거움을 찾다니! 스스로 신기할 노릇이었죠. 저는 진료하면서 그 강의에서 들었던 내용과 공부한 이론을 가지고 내담자들을 교육했습니다. 마치 어떤 도를 깨친 기분마저 들었어요.

하지만 곧 문제에 봉착했습니다. 제가 내담자에게 그 이론에 대해 열렬히 설명하는 것 자체는 아무런 문제가 없었어요. 아주 물 흐르듯이 논리적인 말이 나왔습니다. 제가 스스로 생각해도 '이야, 캘선생! 말 잘한다'고 종종 느꼈어요. 그런데 사람이 눈치라는 게 있지 않습니까? 그날도 저는 몇 분에 걸쳐서 이론에 관한 설명을 와르르 쏟아내고 내담자의 상황이나 정신역동에 대해 저만의 가정을 바탕으로 땀 흘리면서 이야기했습니다.

저는 문득 고개를 들어서 내담자의 표정을 봤습니다. 내담자는 그리 공감되지 않는다는 얼굴이지 뭐예요. 잘 생각해보니, 한 사람이 아닌 여러 사람이 그랬습니다. 황당한 기분이었고 궁금증은 커졌습니다.

'이 보석과 같은 이론을 내가 깔끔하고 알기 쉬운 설명으로 풀어서 이야기해주는데, 왜 내담자들의 표정은 의뭉스러울까? 이 사람들은 이해력이 좀 떨어지나? 아니면 그냥 약만 처방받고 가고 싶은 사람들인데 내가 괜히 시간을 낭비하는 것인가?'

저는 계속해서 원인을 내담자에게서 찾으려고 했습니다. 왜냐하면 제가 공부를 하면서 받은 감동은 금과 같고, 그 깨달음을 상대에게 주고 싶은 마음이 절실했기 때문이죠.

어리석었죠. 그 공부가 준 감동이 너무나 강렬해서 잠시 제 눈이 멀어버린 거예요. 그때의 상담은 내담자와의 어떠한 공감의 토대도 없이, 진료실에 방문한 사람이 누구든, 모든 면담의 콘텐츠를 하나의 이론에 꿰맞추어 해석하고 있었습니다. 그리고 저는 그런 제 모습을 한 달여간의 시간이 지나서야 우연히 발견했어요. 내담자의 말을 들을 여유가 없었어요. 왜냐하면 제가 이 이론은 맞̇고̇, 이것을 얼른 공유해서 상대방을 고̇쳐̇야̇ 한̇다̇고 생각했기 때문입니다.

세상에는 맞는 말이 정말 많아요. 끊임없이 여러 윤리, 가치, 이론 등을 통해 우리는 교훈을 얻고 학습합니다. 가끔 서점에 들러 자기계발서 섹션을 쓱 둘러보면 책마다 각자의 원리와 가치를 이야기하면서 우리에게 교훈을 주고 지시하기 바쁩니다. 저는 그걸 보면서 가슴이 뜨거워짐과 동시에 갑갑해짐니다. 언제까지 돈을 얼마로 만들어라, 독성이 있는 인간관계를 끊어내라, 몇 살 때까지 무엇은 꼭 해야 한다 등등. 온갖 맞는 말이 먹이를 노리는 치타처럼 우리를 언제든 교정할 준비가 된 것처럼 보이거든요. 서점만 그럴까요? 종교적인 가르침이나 정치적인 논리, 과학적인 원리 등 잠깐 집을 벗어나 거리를 둘러보아도 우리는 배우고 알아야 할 것들 천지입니다.

그리고, 놀랍게도 그중 틀린 말은 정말이지 드뭅니다! 저는 가끔 그게 문제라고 생각하기도 해요. 오히려 그 말들은 새겨듣고 우리 안에 채워야 할 것들이 많죠. 그러한 가치들이 가끔은 앞서 말한 제 일화에서처럼 가슴속에 불을 확 지필 때가 있습니다. 이것을 배움과 깨달음의 즐거움이라 말할 수도 있겠어요. 가끔 살면서 어떤 것을 접하면 눈이 번쩍 뜨일 때가 있지 않습니까. 너무나 축하할 만한 감동적인 모멘트죠. 그것을 위해 우리는 끝없이 공부하는 것일지도 모르겠습니다. 하지만 종종 그 순간들이 몰두라는 위험한 함정에 우리를 빠뜨립니다. 마치 제가 그랬던 것처럼요.

하나의 가치에 몰두하는 사람들은 은근히 많습니다. 아주 과격한 예로, 가끔 뉴스나 다큐멘터리에서 접하는 사이비 종교에 푹 빠져 자신의 모든 것을 바치는 사람들이 있겠네요. 일상적인 삶을 사는 우리는 영상을 보면서 이해되지 않습니다. 딱 보아도 사이비 종교는 보통 믿음을 선뜻 내주기 어려워 보이잖아요. 하지만 사이비 종교에 순응하고 복종하며 사뭇 이해하기 어려운 삶을 사는 신도들의 입장은 다를지도 모릅니다. 굉장한 카리스마를 가진 교주가 삶의 고통으로 마음속의 어려움을 겪는 사람에게 눈이 번쩍 뜨이는 경험을 시켜준다면, 그들은 이후에도 사이비 종교를 외면하기는 정말 쉽지 않겠죠. 점차 생활 양식의 전반에 거쳐 교주나 교리가 하라는 대로 피동적인 삶의 방식으로 변화하게 될 겁니다. 스스로 알아차리기는 힘든 일이겠죠.

다른 가치라고 다를까요? 돈만 보고 사냥개처럼 쫓아다니는 사람들이나, 누군가를 이겨야 한다는 가치에 빠져 모든 것을 경쟁 구도로 만들어 버리는 사람들. 우리는 어렵지 않게 이런 사람들을 주변에서 만납니다. 저는 이러한 가치들이 잘못됐다고는 전혀 생각하지 않습니다. 돈은 많을수록 좋죠. 싸워서 이기는 것을 누가 마다하겠습니까. 하지만 하나의 가치를 도구 삼아 삶을 통째로 살아가는 것은 마치 인생이라는 코스 요리를 만들면서 온갖 재료를 두고 칼 한 자루만 쓰는 것과 비슷하지 않을까요? 좋은 도구 하나에 몰두해서 다른 도구를 쓸 생각을 하지 않는 것은 미련한 짓이겠죠.

정답이라고 확신하는 가치를 가졌다면 그것을 쓰지 않는 사람을 보면서 오답을 쓰는 바보나 잘못된 신을 믿는 이교도처럼 느끼기 쉽습니다. 물론 그 가치가 지금 당신의 삶에 좋은 영향을 주고 있다면 굳이 억지로 바꿀 필요는 없겠습니다만, 당신 마음속에 어떤 하나의 가치를 악착같이 끼워 넣고 있음

지금, 여기에 대한 이야기

에 불과하다면 잠시 주변을 둘러보아요. 당신 안을 꽉 채운 가치의 무게를 비워내어 보자고요. 비워야 다른 좋은 것을 채울 수 있지 않겠어요?

저는 그때의 경험 이후로 최대한 내담자가 들어오기 전에는 할 말을 생각하지 않으려고 합니다. 빈 그릇을 떠올리면서 스스로를 비워보려고 연습하고 있어요. 가끔 그게 잘되지 않아 또다시 저 혼자 떠들 때도 있어서 쑥스럽긴 합니다. 하지만 여유를 가지고 대화하면서 저라는 빈 그릇에 상대의 재료를 조금씩 채우고, 그 재료들을 보면서 제가 가진 도구들을 둘러보려고 하는 거죠. 그러면 저는 개인적으로 더 즐거운 면담이 되는 것처럼 느껴집니다. 어떤 도구를 쓰든 삶은 즐겁게 살면 그만이고, 진료는 내담자가 좋아지면 그만일 테니까요.

 캘선생의 한마디 '나'라는 그릇을 비울수록 다양하고 맛있는 요리를 채울 수 있겠죠?

언젠가 공부하다가
어떤 이론에 크게 감명받아,

그것은 이론적으로 볼 때!

다른 관점에서 생각해보자면~!!

한동안 확신에 차서
그 이론을 열렬히 공부하고
그에 따라 진료한 적이 있다.

하지만 이상하게도
내가 감동한 만큼
진료의 반응이
그리 좋지 않았다.

그 이유는…

모든 내담자를 내가 감명받은 이론에 꿰 맞추어서
진료를 봤기 때문이다.

안녕히 계세요~.

왜 저 사람은
이 좋은 이론을
받아들이지 못할까?

세상에는 높은 가치나 교훈, 이론 등은
정말 많겠지만,

00살 때까지
해야 하는 열 가지!!

인간관계를
잘 만드는 법!!

10억은 악착같이 모아야
나중에 후회 없다!

믿고 있는 가치가 옳으냐 그르냐를 떠나서 그것이
실제로 내게 어떤 의미와 즐거움을 주는지 살펴보자.

이 칼이 분명히 최고라 했는데
왜 채소가 썰리지 않지…?

하나의 가치에 매몰된 삶은 코스 요리를 만들면서
칼 한 자루만 쓰는 것과 비슷하다.

이게 정답이야!
나머지 도구는 의미 없어!

어떤 도구를 쓰든 삶은 즐겁게 살면 그만이고,
진료는 내담자가 좋아지면 그만이다.

나도 요즘은 최대한 '나'를
비워보려고 한다.

즐거울 일이 떠오르지 않아요

우울의 늪에서 지푸라기 잡기

요즘은 제가 즐거웠던 적이 있었나 싶어요. 분명히 어떤 시간에 뭔가를 즐겼던 것 같긴 한데, 그게 뭐였는지 기억이 잘 안나요. 제가 뭘 좋아했을까요? 무언가를 해보려고 해도 의욕이 생기지 않네요. 뭔가 늪에 빠진 것 같은 기분이에요. 뭘 해보려는 상상만 해도 피곤함부터 밀려와요. 이대로도 나쁘지 않은 것 같기도 하고요.

잠시 누군가를 만나볼까 싶어도 연락하고 약속 잡는 일조차 부담스러워요. 만나서 본다고 할지라도, 무슨 즐거운 이야기를 하겠냐 싶은 거예요. 울적한 일상이나 이야기하는 건, 말하는 사람이나 듣는 사람이나 피곤한 일이겠죠. 유튜브나 보면서 배달 음식을 시켜 먹는 게 제 오후 일과가 돼 버렸어요. 좋을 게 딱히 뭐가 있겠어요. 머리가 굳은 기분이 들어, 그냥 스르르 잠이 드는 게 다겠죠.

일상적인 우울의 늪은 왠지 모르게 안락한 기분마저 줍니다. 그리고 우리로 하여금 시간이 갈수록 더욱 빠져나갈 여지를 주지 않는 고립의 시간을 만들어냅니다. 진료실에서 종종 우울하고 외로운 자기 상황에 오히려 순응하고, 심지어 더 나아가 울적한 삶의 모습에 만족하는 것처럼 이야기하는 사람들을 만납니다. 보통 이렇게 말하죠.

"저는 원래 우울한 사람이고, 앞으로도 이렇게 지낼 수 있어요."

원래 우울한 사람이라니, 너무 억울하지 않나요? 물론 우울증이라고 하는 것은 유전적인 부분도 어느 정도 있고, 타고

지금, 여기에 대한 이야기

날 때 에너지 레벨이 낮은 사람도 있긴 합니다. 하지만 그건 나 자신을 '원래 우울한 사람'이라고 말하는 사람 중에서도 극히 일부에 해당할 겁니다. 저는 내담자의 이야기를 들을 때마다 우울한 기분 안에서 지내온 게 오래돼 마치 즐거웠던 일이 없었던 것처럼 느끼는 것은 아닐까 생각해요. 울적하고 가라앉은 채로 일상생활을 영위할 수야 있겠지만, 그것을 잘 지낸다고 말할 수는 없겠죠. 그것은 달리 보면 버티는 삶이라고 할 수도 있겠습니다. 생생하고 좋은 자극 없이 자신을 고립시키는 라이 프 스타일은 언젠가 삶에서 다른 역경이 찾아올 때 단지 버티고 있던 우리를 완벽하게 무너뜨릴 수도 있어요.

　저는 우울감을 호소하는 내담자들과 대화할 때, 그들이 무슨 일을 하면서 행복감을 느꼈는지 물어보곤 합니다. 이 질문에 바로 대답하는 사람은 생각보다 많지 않은 것 같아요. 어쩌면 내담자들은 제가 어떤 거창한 취미가 있는지 물어본다고 느낄지도 모르겠습니다. 물론 일상의 중간에 꾸준히 할 수 있는 취미가 있다면 더할 나위 없이 좋겠죠. 특히 운동과 같은 어떤 종류의 활동은 우리의 머릿속에서 더 나은 기분을 느끼게 하는 신경물질을 증가시켜주기도 합니다. 이를 실천에 옮길 수만 있다면 우리가 우울감을 이기는 것에 커다란 도움이 될 거예요. 그러나 우울감을 느껴 진료실을 찾는 사람들은 대부분 어떤 활동을 하는 것 자체에 큰 피로감과 부담감을 느끼기 마련입니다.

무기력이라는 증상은 우리의 활동을 저해합니다. 아무것도 하지 않는 상황이 활동에 대한 자신감을 꺾어 다시 사람을 무기력하게 합니다. 일종의 악순환입니다. "해보려고 했는데 잘 안되던데요?" 같은 내담자의 대답은, 이러한 이유에서 기인하는 것이 많으리라 짐작합니다. 안타깝게도 우리의 애처로운 뇌는 보통 아무것도 하지 않을 때 오히려 부정적인 일을 되풀이하는 경향이 있어요.

아무 약속도, 할 일도 없는 어느 주말. 누구나 방 안에 누워 문득 막연한 후회나 과거의 부끄러웠던 일로 이불을 차 봤던 경험이 있을 겁니다. 이렇게 아무것도 하지 않고, 무언가 할 기운도 들지 않는 상태는 안락한 듯 보여도 우리를 조용히 파먹고 있는 것일지도 몰라요.

그래서 저는 질문에 머뭇거리는 내담자에게 다시, 취미 차원이 아닌 감각 수준에서의 즐거운 기억에 관해 묻습니다. 언젠가 변하는 날씨를 피부로 느끼며 들었던 감상, 아침에 잘 내린 커피의 향, 친구와 만나서 오랜만에 기울이는 술맛을 예로 들 수 있겠어요. 그러면 내담자는 조금씩 즐거웠던 감각에 대한 기억을 더듬어 보는 것처럼 보여요.

"저는 언젠가 바쁜 일이 있어서 목적지까지 뛰어간 적이 있는데, 생각해보니 그때 이상하게 기분이 상쾌했어요."
"제가 즐겨 다니는 맛집이 있는데, 거기서 나오는 요리가 정

지금, 여기에 대한 이야기

말 맛있어요."

기억을 더듬는 일은 귀찮을 수도 있겠습니다. 그래도 저는 언젠가 차분히 자리에 앉아 나 자신에게 즐겁고 생생한 느낌을 줬던 감각 리스트를 만들어 써보는 일을 추천합니다. 그리고 내 마음속의 파도가 심하게 칠 때 지푸라기라도 잡는 심정으로, 감각 리스트를 다시 한번 들여다보아요. 그 리스트의 항목 중 지금 내 기력 범위 안에서 할 수 있는 일들을 천천히 해보는 거죠. 내 손 안에서 온전히 느낄 수 있는 나만의 즐거운 감각을 찾는 행동은, 불안하고 우울한 기분이 주는 불안정성에서부터 마치 내가 잃어버린 통제감을 다시 돌려주기도 합니다. 감각 리스트는 감각의 지푸라기가 되고, 더 나아가 감각의 끈이 돼 우울의 늪에서 나를 지켜줄 겁니다.

언젠가 우울의 늪에 빠졌을 때 잡을, 나 자신을 생생하게 했던 감각의 지푸라기들을 다양하게 만들어 보았나요? 더 나아가 그 지푸라기들을 꼬아 끈으로 만들어 보았나요? 그렇다면 더 이상 지푸라기라도 잡는 일은 의미 없다고 할 수는 없겠습니다.

다만 오랫동안 한 곳에 앉아 영상을 보는 일과 같이 둔한 감각에 자신을 오랫동안 묶어 놓거나, 폭음, 폭식과 같은 자극적이고 자기파괴적인 감각을 추구하는 것은 추천하지 않아요. 이와 같은 일들은 짧고 빠른 감각이긴 하나 크게 도움 되지 않거나 앞서 말한 무기력의 악순환에 사로잡히게 하고 가끔은 자기를 스스로 해치기도 하는 값싼 위안을 주는 경향이 있기 때문이죠.

저는 디즈니·픽사의 장편 애니메이션 〈소울Soul〉을 종종 다시 봅니다. 애니메이션을 여러 번 보는 것을 좋아하지 않는 저로서는 조금 이례적인 일이기도 합니다. 줄거리를 간단하게 말해볼게요.

주인공인 '조'는 무명 피아니스트입니다. 그는 수년간의 노력 끝에 드디어 간절히 원했던 공연의 기회를 잡지만, 불의의 사고로 아직 태어나지 않은 영혼들이 있는 세계로 가게 됩니다. 거기서 아직 세상에 나오지 않은, 하지만 살아보지 못한 지구에 대해 냉소로 일관하는 영혼 '넘버 22'를 만나게 되죠. 영혼의 세계에서 벗어나 지구에 있는 자기 몸을 찾고자 하는 '조'는, 지구에 나가고 싶지 않아 하는 '넘버 22'가 가지고 있는 지구통행증을 넘기면, '넘버 22'가 오랫동안 찾아왔던 '불꽃'이라고 불리는 열정을 찾아주기로 약속합니다. 그리고 둘은 우여곡절 끝에 지구에 내려가게 되지만 엉뚱하게도 '조'의 몸에 '넘버 22'가 들어가게 됩니다.

'넘버 22'는 '조'의 몸을 통해 아직 자신이 겪어보지 못한 세상을 다채로운 감각으로 느낍니다. 어쩌면 자신이 냉소적으로 대하던 세상이 살아볼 만하다고 생각하며 그만의 '불꽃'을 찾게 돼요. '넘버 22'는 약속대로 '조'에게 지구통행증을 주게 되고

지금, 여기에 대한 이야기

'조'는 다시 지구로 돌아가 자신이 그토록 원했던 재즈 공연을 성공적으로 해냅니다. 여기서 제가 가장 좋아하는 장면이 나옵니다. '조'가 연주를 마치고 왠지 허무한 마음으로 집으로 돌아온 뒤 가만히 피아노 앞에 앉아, '넘버 22'가 잠깐 자기 몸에 있을 때 모아온 자잘한 물건들을 보며 생각에 잠기죠. 그리고…. 더 자세한 내용은 〈소울〉에서 확인해보세요. 감동적인 애니메이션입니다.

여튼 〈소울〉에 나오는 뉴욕의 풍경이나 재즈 음악은 정말 멋스럽고, 영화 속에서 영혼의 세상을 묘사한 부분도 어떻게 생각했을까 싶을 정도로 기가 막혀요. 하지만 그 어떤 장면들보다 저는 〈소울〉에서 보여주는 아주 단순한 일상의 나열에서 무너지듯이 감동해요. 일상의 아무것도 아닌 일들에서 느꼈던 생생하고 뚜렷한 감각들, 떨어지는 낙엽, 길에서 먹은 싸구려 피자 맛, 깔끔하게 머리를 자른 일, 자전거에서 올려다보는 하늘, 가족들과 즐겼던 음악과 바다, 지하철과 뉴욕의 야경. 영화 속 소소한 장면이 우리의 일상과 행복을 다시금 되돌아보게 합니다. 조가 원하던 밴드에서 연주하게 되는 것과 같은 강렬한 성취감과 그에 따른 즐거움만큼이나, 일상적이고 가볍지만 꾸준히 나의 삶에서 쌓아온 행복감도 대단한 것이죠. 우리는 이것을 쉽게 잊고 지내는 것은 아닐까요?

자, 저는 이제 제안해봅니다. 당신도 한 장면처럼 일상의 감각을 찾아보고, 그에 대한 감동을 완전하게 느끼며 기억하는 연습을 해봤으면 합니다. 주인공 '조'가 그랬듯이 말이죠. 그 감각과 감동을 꼭 쥐고, 그 느낌이 당신을 지나갈 때까지 놓아주지 않는 것이에요. 물론 좋은 취미가 있다면 더 좋은 일이겠죠. 저는 야구를 좋아해서, 야구 경기를 보며 저녁 시간을 흘려보낸다든지(팬으로서 롯데 자이언츠 경기 관람은 가끔 나쁜 취미가 되기도 합니다😆), 야구 카드를 모으며 제가 가진 카드의 선수가 대성해서 언젠가 명예의 전당에 들어가는 상상을 하며 완전한 저만의 시간을 보내는 편입니다. 기분이 좋지 않은 날, 취미는 제가 그것에 쉽게 몰두하지 않도록 도와줍니다.

혹여나 당신이 별다른 취미나 이렇다 할 활동을 할 만한 기력이 없더라도, 조금만 더 힘을 내어 아주 작게라도 시도했으면 합니다. 지금 당신이 가지고 느낄 수 있는 신선한 감각들을 찾고 이전에 감동했던 소소한 일을 되짚어 보는 것부터 시작해보아요. 아주 자잘한 취미의 지푸라기들을 만드는 거죠. 어쩌면 이 작은 뭉그적거림이 당신을 나쁜 하루에서 구해줄 수 있는지도 모르잖아요.

 캘선생의 한마디 자잘한 지푸라기들을 많이 꼬아 놓고 필요할 때 손을 뻗어보아요!

지금, 여기에 대한 이야기

가끔 무엇을 할 때 행복한지 물어보곤 하는데
은근히 바로 대답을 하는 사람이 적다.

글쎄요….

잘 모르겠어요.

나 같은 경우 스스로를 즐겁게 할 때는 맥주를
마시면서 영화나 스포츠 경기를 틀어놓거나,

또 졌구나.

하지만 일상적인 삶 속에서
어떤 활동을 하면서 즐거움을 느끼는지,

스스로 아는 것은
꽤 중요한 일이다.

모아둔 야구 카드를 살펴보면서 머리를 비운다.

그럼 오늘은

돌아가서 간단하게
행복할 수 있는 일을
한번 생각해볼까요?

누군가에게는 청소나 드라이브와 같은 일이
될 수도 있겠다.

우리의 뇌는
보통 아무것도 하지 않을 때
오히려 부정적인 일들을
되풀이하는 경향이 있고,

운동과 같은
어떤 종류의 활동은
기분을 더 좋게 하는
신경물질을
증가시키기도 하기에

어떤 활동을 통해
즐거움을 얻는다는 것을
미리 알고 있다면
마음속의 어둠에서 빠져나가기
훨씬 수월할 것이다.

만일 오늘 조금 힘든 하루를
보냈다면 잠시 멈춰보자.

그리고 내가 무엇을 하면 즐거웠나
생각해보는 것은 어떨까?

으~톰?!

고통에서 벗어나고 싶어요

불행은 고통의 부적응

완전히 지쳤어요. 안 좋은 일이 계속 일어나요. 생각해보면 대학교에 입학할 때부터 그랬던 것 같네요. 저는 재수에 실패해서 제가 원하지도 않는 대학교에 들어가 대충 졸업했고, 어찌어찌 회사에 들어가게 됐어요. 회사 업무는 그다지 적성에 맞지도 않았어요. 어떻게 이런 일을 이렇게 오래 했나 싶네요. 그래도 꾸역꾸역 일은 몇 년간 열심히 했어요. 지금의 여자친구도 일하면서 만났고요.

지금, 여기에 대한 이야기

그런데 최근 들어서 인사이동이 있어서 지금 사는 곳에서 멀리 떨어진 지방으로 발령이 났어요. 여자친구와 떨어지게 된 거죠. 그런데 문제는 지금 제가 결혼을 계획하고 있다는 거예요. 회사에서 인사를 담당하는 사람에게 발령을 취소할 수 없냐고 물어도 어쩔 수 없대요.

설상가상으로 지난달에 저희 부모님에게 제 여자친구를 소개했는데요. 부모님은 제 여자친구의 어떤 점이 마음에 안 드셨는지는 몰라도 제게 여자친구와의 결혼을 조금 더 천천히 생각해보라 하더라고요. 사실상 반대하는 거죠. 그 후로 여자친구는 저를 만날 때마다 들들 볶고요. 저도 계획이 전부 다 어그러져서 미치겠어요.

즐겁지도 않은 일은 그만두고 싶지만, 오랫동안 해온 일이라 인제 와서 다른 일을 배우는 것도 힘들 것 같고요. 떠오르는 대안도, 새로운 일을 시작할 여유도 없어요. 이대로 저는 연고도 없는 지방에 처박혀서 여자친구와 간신히 관계를 유지하면서 끝이 보이지 않는 불행 속에서 살아야만 할 것 같아요. 일을 그만둬야 할까요? 여자친구와 헤어져야 할까요? 진짜 막다른 길에 들어섰어요.

☆☆☆☆☆

일상적인 고통과 불행에 관해 이야기해볼까요. 고통과 불행을 일상적이라고 말하는 것은 조금 마음 아픈 일이긴 합니다. 하지만 일상을 사는 우리는 마음속에 하나씩 찜찜한 부분을 품고 살아가죠. 저는 가끔 아주 개인적인 생각으로, 살아가는 것은 고통이 베이스가 아닐까 합니다. 마치 매일 내는 세금이라고 해야 할까요? 원하든 원치 않든 고통은 우리에게 다가와 극복했을 때 대가로 성취를 주기도 하고, 불행을 만들어내기도 하죠.

이 글을 읽는 당신도 마찬가지일 것이라 생각합니다. 마음속에 지금 딱 떠오르는 걱정이 하나씩은 있지 않나요? 어쩌면 그 걱정을 해결하기 위한 힌트를 얻기 위해 당신은 이 책을 펼쳤는지도 모르겠습니다. 만일 그렇다면 간절히 도움이 됐으면 합니다.

우리는 매일 이 고통에서 벗어나거나 해결점을 만들기 위해 그야말로 안간힘을 쓰면서 살고 있습니다. '이 일만 해결이 되면 나는 영원히 행복하게 지낼 수 있을 거야'라는 생각을 가끔 하면서요. 우리는 고통이 깊을수록 그런 생각이 깊어지는 경향이 있죠. 그 마음을 교묘하게 이용하는 나쁜 사람들이 있습니다. 깊은 고통 속에서 헤매는 사람들에게 자신의 비법을 통하게 되면 고통에서 해방될 수 있다고 말하는 사람들도 있

지금, 여기에 대한 이야기

는 거죠.

저는 말도 안 된다고 생각합니다. 고통에서의 해방은 불가능해요. 아마 고통은 안타깝게도 우리를 평생 따라다닐 겁니다. 누구나 그날, 그달, 그 해, 그리고 인생 전체의 고통과 걱정을 가지고 씨름하는 중이지 않습니까? 각자의 모양으로 말이죠. 고통을 이겨내고 원하는 것을 쟁취해낸 경험이 있는 사람은 아실 거예요. 그 고통의 언덕을 넘어가면 천국이 있었나요? 깊은 성취감과 개인의 성장을 이룬 이후에는 다시 새로운 언덕이 우리를 기다리고 있죠.

여기, 고등학생 김군의 사연을 볼까요?

김군은 부모님이 좋은 대학에 가면 예쁜 여자친구가 생길 거래서 고통 속에 열심히 공부해서 좋은 대학에 들어갔습니다. 하지만 여자친구를 사귀는 것은 다른 모양의 고통이었습니다. 탐색과 구애의 고통이 도사리고 있었거든요.

그래도 의지의 김군! 끝내 그 고통을 이겨내고 사랑스러운 여자친구를 만들었습니다. 김군은 이제 아름다운 캠퍼스 생활만 남았다고 믿었죠.

하지만 웬걸. 아름다운 여자친구를 만나고 나니 관계에서 생기는 오해와 집착이라는 또 다른 고통이 생겼습니다. 여자친구는 종종 연락이 안 됐어요, 여자친구와 만나면 행복한 순간만큼이나 다투고 미워하는 시간 또한 생겨났죠. 김군은 고통 속에서 사랑의 어려움을 깨닫게 됩니다.

맞습니다. 김군의 사연은 고통의 의미에 관한 이야기예요. 어떤가요? 우리는 고통받는다는 이유로 김군을 불행한 사람이라고 할 수 있을까요? 만일 그것이 맞다면 세상은 불행으로 가득 찬 곳이고, 우리는 모두 불행한 사람일 겁니다. 부정적인 에너지가 온 우주를 메울 것이며, 인생이 주는 고통 앞에서 저나 당신은 아무것도 하지 못한 채 운명이라는 자동차가 언젠가 우리를 치고 지나가기만 기다리는 가련한 존재밖에 되지 않을 거예요. 의미라 할 것이 없는 세상이겠죠.

저는 불행을 고통 그 자체라고 말하기보다는 고통에 대한 부적응적인 반응이라고 말하고 싶어요. 만일 갑작스레 생긴 고통의 부정적인 단면만 본다면 우리는 쉽게 불행해집니다. 하지만 고통이라는 물건은 꽤 입체적이라는 사실을 알고 있나요? 이리저리 굴려보면 그 뒷면에 의미라는 부분을 발견할 수 있을지도 모릅니다. 사실 진료하는 사람의 관점에서 이러한 이야기는 쉽사리 꺼내기 힘들며 저도 애를 먹는 부분 중의 하나입니다. 고통에서 촉발된 불행감으로 힘들어하는 내담자에게 대뜸 이런 말을 쉽게 꺼낸다면 공감을 살 수 있을까요?

"당신이 고통으로 힘들어하는 것은 알겠지만, 그 고통은 긍

정적인 의미도 함께 가지고 있을 것이며 당신을 성장하게 만
드는 열쇠가 될 수도 있으니 그것을 감내하고 도전하세요!"

절대 아니죠. 생각해보세요. 힘든 일이 있어 진료실을 찾았
는데 의사가 이런 소리를 했다? 내담자가 의사의 뺨을 갈기거
나 진료실을 박차고 나가게 하기 딱 좋은 말일 겁니다. 자기 일
아니라고 막말하는 공감력 제로의 소시오패스 정신과 의사라
고 욕하거나 병원 리뷰에 악플을 달 수도 있겠네요.

저는 내담자가 어떠한 고통으로 인해 불행감을 느낀다고
할 때면 최대한 말을 아낍니다. 그리고 가능하다면 내담자가
겪는 상황과 그 상황에서 겪는 인지와 감정을 구별해보려 합
니다. 상황은 내담자의 것이 아니고 쉽게 변하지 않지만, 인지
와 감정은 내담자 개인의 것이며 그 부분은 변화할 수 있을지
도 모르기 때문입니다.

저는 이런저런 질문을 통해 조심스레 접근하면서 하나의
질문으로 수렴시켜 보고자 해요.

"그 고통을 다른 방향에서 볼 수 있나요?"

그것은 마치 우리에게 다가오는 고통을 가지고 면접을 보
는 것과 같아요. 군이 진료실을 찾지 않더라도 언젠가 고통으
로 인해 마음이 혼란해진다면, 그 고통이란 녀석을 이리저리

굴려보는 건 어떨까 합니다. 고통이 가지고 있는 이면의 의미가 있는지, 그것을 이기거나 감내해서 우리가 얻을 수 있는 성취나 발전과 같은 이득이 있는지. 우리 모두 조용한 공간에서 나 자신에게 질문하는 거예요. 단순히 고통의 부정적인 면을 겪는 것으로 끝낸다면 우리는 쉽게 피로감을 느끼게 됩니다.

하나의 작업으로 과정을 설명하겠습니다. 우선 날아오는 고통이라는 공들을 피하기보다는 적극적으로 잡고 그 모양을 이리저리 손안에서 굴려 확인합니다. 그다음 그것이 내게 어떤 의미를 주는지에 대해 잠시 생각해서 그 의미의 방향으로 드리블을 해나가는 과정을 거치면 됩니다.

일상에서 날아오는 고통은 하나가 아니라 여러 개로 쏟아지기도 합니다. 그 녀석들을 일일이 다 상대하는 것은 골치가 아픈 일이죠. 저는 우르르 날아오는 고통으로 인해 어려움을 느끼는 내담자에게 "어떤 선택을 해야 할까요?"라는 질문을 종종 받습니다. 하지만 그 역시 비슷한 방법으로 생각하는 것은 어떨까 해요.

좀 더 구체적으로는 이렇게 답하고 싶습니다.

> "제가 당신의 선택을 대신할 수는 없습니다만, 저는 전적으로 당신 위주의 관점에서 의미를 추리고 과감히 선택하길 추천합니다. 다시 말하자면 고통을 하나씩 순서대로 선별하고 선택한 다음 재해석해서 나아가는 일이라고 말할 수도 있겠

지금, 여기에 대한 이야기

네요. 무리하게 양손 드리블을 하는 것도, 공이 아닌 것을 튕기는 것도 어렵지 않겠습니까?"

진료실에서는 쉽게 꺼내긴 힘든 말을 글로나마 조심스레 제안합니다. 당신의 손안에 있는 고통을 잘 노려보세요! 아주 못된 형사가 돼 고통이라는 피의자를 취조한다고 생각해도 좋겠습니다. 적극적으로 쥐고 흔들고 혼내면서 그 고통이라는 녀석이 당신에게 도움이 될 만한 의미를 불도록 만들어 보아요

 캘선생의 한마디 고통이라는 녀석이 무슨 말을 하는지 잠깐 들어보아요.

사실 살아가는 것은 고통이 베이스인 편이고,

어떤 고통은 이겨내든, 다른 길을 선택을 하든
우리 삶에는 또 다른 모양의 고통이 기다리고 있다.

누군가 고통과 성취에서 해방된 삶을 약속한다면
나는 그 사람을 믿지 않을 것 같다.

제 말만 명심하면 평생
편안하고 걱정 없이 살 수 있습니다!

말도 안 돼.

그럼 고통이 그 자체로 불행을 의미할까?

고통 = 불행?

누구나 각자의 모양으로 그날, 그달, 그해의 걱정
을 가지고 씨름하고 있으며

내 집 마련!

거래 성사!

취업!

글쎄, 조금은 다른 것 같다.

그것보다는 고통에 대한
부적응적인 반응이라 하는 게
조금 더 적절하지 않을까?

고통 = 불행?

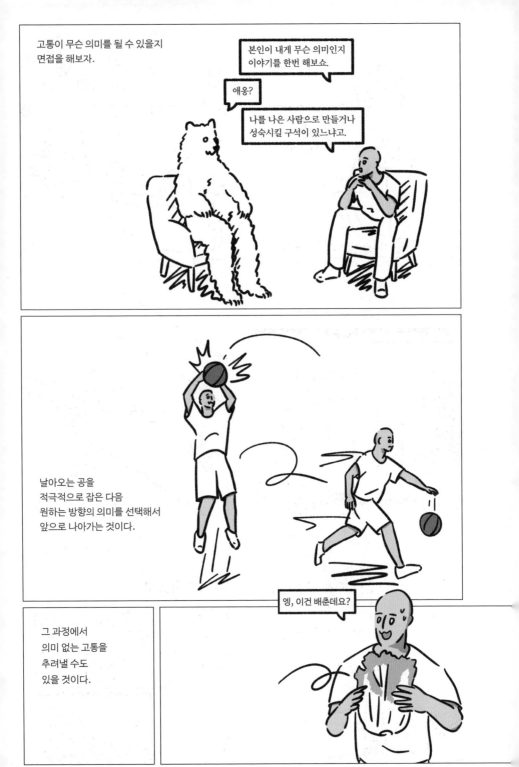

저를 사랑하고 싶어요

나와의 소개팅을 준비하자

제가 진료받으러 올 때마다 선생님이 좋은 이야기를 하면서 긍정적인 생각들을 알려주는 게 저도 감사하긴 해요. 하지만 진료실을 나오면 또다시 제자리걸음이에요. 이런 부분은 진료만으로는 영영 나아질 수 없는 건 아닐까요? 곰곰이 생각할수록 그래요. 변변찮은 외모에 키도 그리 크지 않고, 그렇다고 능력이 좋거나 그런 것도 아니거든요. 자존감도 떨어지고요. 멋지고 괜찮은 사람으로 태어난 사람들이 부러워요. 물론 저

지금, 여기에 대한 이야기

도 정말 제가 마음에 들었으면 좋겠어요. 정말 아무리 들여다봐도 저를 스스로 사랑할 만한 구석이 없는 걸 어쩌겠어요.

결국 선생님이 말하는 저에 관한 긍정적인 이야기들도, 저는 그냥 한 귀로 듣고 한 귀로 흘리는 느낌이에요. 너 자신을 사랑하라. 그런 이야기가 정말 저 같은 사람에게는 대충 알아서 살라는 무책임한 위안처럼 들려요. 어떻게 저 같은 사람을 억지로 사랑하겠어요.

저도 제가 가끔 밉습니다. 몸서리치게 싫을 때도 있고요. 대개는 저 스스로 멋진 녀석이라고 믿으며 살아가려고 하지만 종종 제 안의 열등감이 확 치고 올라와 저따윈 정말 아무것도 아닌 사람처럼 만들기도 하고, 언젠가는 엄청나게 의기양양해져서 굳이 남에게 할 필요가 없는 자랑이나 TMIToo Much Information를 나불거리기도 하죠. 그러니 저의 개인적인 생각으로는, 자존감self-esteem이나 자기애라는 것은 어떤 레벨에 고정됐다고 말하기보다는 파도처럼 위아래로 오르내리며 움직이는 것이 아닐까 합니다. 물론 평균적인 수위는 있을지 모르겠지만요.

많은 사람이 "너 자신을 사랑하라"고 말합니다. 많은 음악과 설교와 매체도 우리에게 그런 메시지를 던지고 가죠. 하지만 어째서인지 저는 그런 이야기를 들을 때면 조금 무책임하다는 느낌을 받기도 합니다. 그런 이야기가 어떻게 가능한 것이며, 그것을 통해 이루어 낼 수 있는 것이 무엇인지, 왜 내가 나란 녀석을 사랑해야 하는지 등 숱한 의문에 부딪히거든요. 그렇지만 많은 음악과 설교, 매체는 어째서인지 그런 물음에 세세히 답변을 해주지는 않네요.

심지어는 진료실에서 내담자와 대화하는 저조차도 그렇습니다. 저는 내담자들의 부정적인, 혹 극단적이고 경직된 사고에 대해 대안적인 옵션을 제시하면서 내담자가 가지고 있지만 미처 알지 못했던 좋은 부분을 비춰 주려고 노력합니다. 하지만 아이러니하게도 가끔은 자신을 사랑하고 싶지 않은 내담자를 은근히 부추기는 것처럼 느껴지기도 해요. 꼭 오지랖을 부리는 중매쟁이처럼 말입니다.

사랑하지 않은 사람을 억지로 사랑해본 경험이 있나요? 그것만큼 고통스러운 것이 없습니다. 사랑은 자연스럽게 내 안에서 나와야 하는 것 아니겠습니까. 그것을 억지로 끄집어내야 한다면 참 피곤한 일이겠죠. 많은 내담자가 자신을 미워하는 듯한 끔찍한 말을 합니다. 저는 듣다가, '저렇게까지 자신을 미워할 수 있나?'하고 놀라는 때도 종종 있어요. 하지만 저는 내담자가 스스로를 미워함에도 제게 이야기를 털어놓는 이유가, 자신을 미워하는 이면에 자신을 사랑하고 싶은 마음이 있어서

지금, 여기에 대한 이야기

그런 게 아닐까 합니다. 어쩌면 자신을 과장하고 부정적으로 표현하면서 제게 대신 긍정신호를 찾아 달라고 말하는 것 아닐까 생각할 때도 있고요.

"자신을 그리 사랑하지 못하는 것처럼 들리네요." 제가 이렇게 슬쩍 물으면, 내담자는 대개 "그렇다"고 답합니다. "사랑할 수 없는 자신을 어떻게 사랑하느냐"고 반문하기도 하고요. 내담자도 자기 자신을 너무 사랑하고 싶은데 잘되지 않기에, 치료자인 제게 나를 사랑하는 방법이 어떤 건지 묻기도 합니다. 그러면 저는 조심스레 "사랑할 수 없으면, 받아보는 것은 어떻겠느냐"고 제안해봅니다. 어차피 사랑을 주는 것도 받는 것도 모두 그 행위의 주체가 나 자신이라면, 거꾸로 한번 생각해보자는 이야기입니다.

실천은 어느 정도 노력이 필요할지는 몰라도 그것을 떠올려 보는 것은 어렵지 않을 것 같습니다. 한마디로, 나 자신과 소개팅을 한다고 상상해보면서 스스로를 꾀어보는 거예요! 일단 매일 정해진 시간에 자고 정해진 시간에 일어나 충분한 수면시간을 보내보아요. 푹 자고 생기 있는 얼굴로 침대에서 나와 몸 이곳저곳을 깨끗이, 그리고 빠짐없이 씻어요. 당신의 얼굴에 난 잡티나 잔털도 제거하고 사랑스럽게 꾸밉니다. 그러고는 화장실에서 나와 정갈하게 개어 놓은 옷을 챙겨서 단정하게 입어보죠. 향수를 뿌리는 것도 괜찮겠네요. 몸에서 상쾌한 향기가 나면 깔끔한 인상을 줄 거예요.

운동을 꾸준하게 하는 것도 더할 나위 없이 좋을 겁니다. 실제로 꾸준한 운동은 우울감과 불안감을 가라앉히고 자존감을 높이는 것에 도움을 준다는 연구들도 많이 나와 있으니까요. 굳이 과학적이거나 정서적인 부분을 이야기하지 않더라도, 소개팅 상대가 매일 한 시간씩 운동하며 몸을 가꾼다는 이야기를 들으면 싫어할 사람이 어디 있겠습니까. 무조건 매력 포인트죠. 그것에 더해, 어떤 것이든 하나의 분야에 대해 잘 알거나 잘하는 일이 있어서 두 눈에 열정을 담아 그 일에 대해 즐겁게 이야기하는 사람이라면? 상대는 호감을 느낄 겁니다. 물론 그 일만 외골수처럼 하루 종일 이야기하는 것만 아니라면요.

이제 상대로 만난 나를 웃게 해주는 겁니다. 유머러스한 사람은 소개팅 업계에서 상당히 높은 가치의 매물이죠. 웃을 일을 하나씩 만들고 그런 일이 생겼을 때 참지 말고 아이처럼 실컷 웃어보아요. 잘 웃기는 사람도 멋지지만 잘 웃는 사람도 참 매력이 있더라고요. 살아가면서 고마울 일이 생기면 적극적으로 감사함을 이야기하고 마음에 품어보아요. 당신이 누군가에게 잘못했고 미안할 일이 있다면 상대방에게 확실하게 사과하는 겁니다. 자신을 사랑하는 이야기를 하는데 갑작스레 감사와 사과를 말하는 것이 엉뚱하게 느껴질지도 모르겠습니다만, 고마움과 미안함을 모르는 사람을 사랑하기는 힘든 일입니다! 그 밖에도 양심을 속이거나 독단적인 삶을 사는 일 또한 자신

지금, 여기에 대한 이야기

을 사랑하는 것에 큰 어려움을 줄 거예요.

마지막으로는 자신에게 비밀을 만들지 않아야 하겠습니다. 비밀이 많은 연인은 골치가 아픕니다. 그런 연인에게는 믿음을 주기 쉽지 않겠죠. 나 자신에게 어떻게 비밀을 만들 수 있느냐고요? 여기서 제가 말하는 자신에게 만드는 비밀은, 자기 감정이나 생각을 무시하거나 회피하는 일이라고 말할 수 있겠습니다. 우리 안에서 자연스럽게 생겨난 감정과 생각을 가감 없이 떠올리고, 그것이 심지어 부정적인 것이라 할지라도 쉽사리 판단하지 않고 충분히 느껴가며 자신과 소통하는 작업을 해보죠. 모든 것을 다 열어놓을 수 있고 부끄러움 없는 자신의 소탈한 연인이 돼 보는 겁니다. 비밀이 많은 관계는 피곤해지기도, 무너지기도 쉽죠.

이렇듯 자신을 사랑하는 일이 어렵다면 앞서 제가 이야기한 것처럼 매일 습관적으로 남처럼 자신을 꼬셔보는 궁리를 하는 것은 어떨까 제안합니다. 조금은 실천적인 노력이 필요하고 귀찮은 일이 될 수는 있겠지만, 어렵지는 않을 겁니다. 그리고 마침내 나를 인정하고 사랑해서 생활에 사랑의 마법을 한 스푼 더 얹어 보길 진심으로 바랍니다. 어찌 보면 다른 사람을 유혹하는 것보다 나를 사랑하게 만드는 일이 더 간단할지도 몰라요. 적어도 나라는 녀석의 취향은 내가 빠삭하게 알고 있잖아요!

 캘선생의 한마디 오늘도 내 마음을, 훔치러 갑니다! 😏

많은 내담자들이 스스로를 미워하는 말을
하면서도,

그것은 그리 어렵지 않을 수도 있다.

동시에 자신을 절실히 사랑하고 싶어 하며
그 방법을 묻는다.

일단 정해진 시간에 일어나 깨끗이 씻자.

옷을 깔끔하게 입고, 몸에서 좋은 향기가 나는
사람은 매력적이다.

고마울 일이 있으면
감사를 이야기하고

미안할 일이 있으면
확실하게 사과하자.

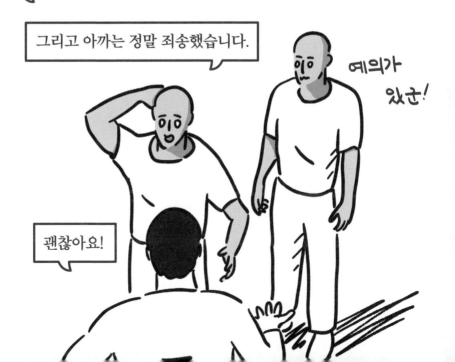

지금 이런 기분을
느낄 때가 아닌 것 같아요

감정을 다스리는 정서 조절

막연히 그냥 불안한 기분이 들 때가 있어요.

가끔은 이유 없이 기분이 막 나빠질 때도 있고요.

제 기분이 매일 나빠지는 게 아닌데, 이걸 굳이 치료해야 하는가 싶은 생각이 들긴 해요, 그러니까 선생님을 만난 김에 묻는 거예요. 그런 기분에 빠질 때면 '내가 갑자기 왜 이러지?' 싶어요. 가끔 남자친구랑 같이 데이트할 때도 마찬가지죠. 남자친구는 제게 잘해줘요. 그런데도 저는 남자친구랑 행복한 일상을 보내면서, 갑자기 불안한 기분이 확 들어서 그날 데이트에 집중을 못 하기도 합니다.

주말에 편하게 집에서 맥주를 마시며 영화를 보다가 뜬금없이 울적한 기분이 들어요. 아까 말했듯이, 항상 그런 건 아니지만요. 기분이 좋을 때는 정말 좋기도 하거든요.

이상한 거예요. 이런 기분이 한번 왔다 가면 그날 하루를 망치는 것 같은 느낌이 들어서 불편하고요. 감정 기복이 심한 날이면 제가 조울증은 아닌가 싶고요. 상황에 맞지 않는 기분을 느낄 때마다 제가 성격이상자 같다고 생각하기도 해요. 저 문제가 있는 건 아니겠죠?

아시다시피, 감정이란 녀석은 상당히 비일관적이고 비합리적입니다. 그래서일까요? 감정적이다. 이 말은 그리 긍정적으로 쓰이지 않는 것 같습니다. 어떤 모호한 감정에 휩싸이고 마음속에서 세차게 불어오는 바람에 이리저리 쓸려가면서 '내가 왜 이러지?'라고 자문해본 경험이 다들 많으리라 생각합니다. 저도 자주 그러니까요. 진료실에서도 기분이 뭔가 상당히 좋지 않은데, 그게 정확히 왜 그런지 잘 모르겠다는 내담자의 말을 저는 왕왕 듣곤 해요. 특히나 내담자가 상황에 맞지 않는 감정을 느낀다면 그는 더욱더 혼란에 빠지곤 합니다.

'분명히 내가 즐거워해야 하는 상황인데, 왜 나는 즐겁지 않을까?'

'이런 상황에서는 좋아해야 하는 것이 맞는데 나는 왜 적절한 정도의 기쁨을 느끼지 못하고 오히려 불안해하고 있지?'

이런 질문들을 자신에게 던지면서 말이죠. 하지만 저는 이렇게 이야기하고 싶습니다. 합리적이지 않은 게 감정이라고요.

다만 그 감정이 어디에서부터 불어왔는지는 자세히 알아볼 필요가 있습니다. 그래서 저는 조심스레 내담자에게 그 애매한 감정에 관해 적절한 단어를 찾아보고 왜 그런 기분이 들었는지 함께 생각해보자고 권유하는 편입니다. 그 감정의 근원은 내담자 자신이 미처 보지 못한 것일 수도 있고, 무의식적으로 그가 갈등을 다루기에는 두렵거나 피곤해서 스스로 보지 않으려 한 것일 수도 있어요. 누군가가 던진 가벼운 농담이 갑자기 소용돌이를 일으켜 내담자의 마음속에서 폭풍이 돼 몰아치는 일이 될 수도 있고, 마음의 바다 깊은 아래에 있던 그만이 알던 부끄러움이 빼꼼하고 고개를 내민 것일 수도 있겠습니다. 자세히 들여다보는 일은 우리를 스스로 지치게 할 수 있습니다.

그래도 내면에 불편한 감정이 솟구친다면 현재 상황과 부적절해보이는 듯한 감정, 그리고 그 감정이 생겨난 이유를 정리해보아요. 그럼 조금은 더 빠르게 우리의 감정을 전략적으로 재구성해볼 수도 있지 않을까요?

제 이야기로 예시를 들어보겠습니다. 저는 군의관 시절에 여름휴가로 날씨가 좋은 샌프란시스코로 여행을 떠났습니다. 군의관이 받는 월급을 생각하면 다소 빠듯하긴 했으나 그래도 조금이라도 젊을 때 떠나자는 판단이었죠. 저는 화창하면서도 선선한 날씨와 그 날씨 못지않게 상냥한 사람들을 만나며 즐거운 여행을 했습니다. 그러던 중 여행 사흘째 되는 날이었습니다. 금문교Golden Gate Bridge가 잘 보이는 언덕에 올라가 사진을 찍고 넓게 펼쳐진 아름다운 바다를 쭉 둘러보는데, 갑자기 저는 팍, 하고 불안한 기분이 들었어요.

'아니, 대체 왜 내가 불안한 기분을 느끼는 거지?'

너무나도 막연한 기분이었습니다. 저는 깜짝 놀랐어요. 상식적으로 좋은 여행지에 쉬러 온 사람이, 달리 말하자면 불안을 피해 온 사람이 불안감을 느끼는 게 말이 안 되잖아요. 처음에는 이유 없는 불안이라고 생각했습니다. 하지만 '그럴 수도 있지'라며 자리에서 일어나 어딘가 마음속 콕콕 쑤시는 기분을 무시하고 계획된 여행 일정을 따라 이동했으나 어이없는 불안감이 사라지지 않았습니다. 저는 잠시 이동을 멈추고 카페에 들어가 곰곰이 생각해보았어요. 이 불편한 기분의 근원에 대해서 말이죠.

지금, 여기에 대한 이야기

'이런 불안감은 언제부터 시작됐을까? 아침에 일어나서는 기분이 상쾌했는데? 호텔에서 나와서 지하철을 타고 맛집이라고 하는 브런치 카페에 들어가 맛있게 식사까지 했고…….'

그런데 번뜩 떠오른 것이 있었습니다. '아, 영수증!' 영수증을 보니 제가 주문하면서 예상했던 가격보다 몇 달러 더 나왔던 것이 생각이 났어요. 미국은 우리나라와 계산 방식이 조금 달라서, 세금과 팁이 추가되거든요. 전 생각보다 더 많은 돈을 내면서부터 불쾌한 감정이 스멀스멀 올라왔던 겁니다. 당시에 군의관 신분으로 적은 월급을 받으면서 마음 한구석에 항상 금전적인 걱정을 품고 있었습니다. 영수증의 팁 몇 달러는 불안함의 도화선이 돼서 타올랐고, 제 마음속에서 불놀이가 벌어지게 된 것이죠.

자, 이제 앞서 말한 현재 상황, 제 부적절한 감정, 그리고 그 감정의 이유를 대략 저는 알게 됐습니다. 그렇다면 이제 제게는 판단의 시간이 왔습니다. 몇 달러의 돈이냐, 남은 여행의 즐거움이냐? 간단한 결정이었겠죠? 저는 눈앞의 아름다움과 여행의 즐거움을 선택했습니다. 왜냐하면 그 가치가 몇 달러의 돈보다 더 컸기 때문이죠. 돈 몇 푼 써서 불안한 것은 알겠으나, 더 중요한 현재를 보고 다른 것을 통제해보자. 이렇게 저는 스스로 다독였습니다.

우리는 통제하는 것을 너무나도 좋아합니다. 무엇이 딱 제 손안에 들어와서 제 계획대로 흘러가는 것을 미덕으로 삼죠. 가끔은 그 마음이 확장돼 모든 것을 통제해야만 한다고 생각하는 사람들도 있어요. 그런 마인드 셋이 보통 문제를 만들곤 하지만요. 그리고 애석하게도, 당신을 불안하게 만드는 일은 당신의 손 밖에 있습니다. 뭔가 마음대로 안 될 것 같다는 느낌이 머릿속을 스칠 때가 있습니다. 과거의 실수, 미래에 어떤 확률로 벌어질 수도 있는 무서운 일들, 다른 사람의 일, 지금은 할 수 없는 일. 머릿속을 스치는 일들은 전부 혼자서 해결할 수 없는 것뿐이라, 상상만으로도 우리의 불안을 자극합니다.

아까 이야기했던 것처럼, 당신의 막연한 불안이 넘어온 길을 조심스레 따라가다 보면 대체로 그 원인은 이 같은 일들입니다. 가끔은 욕심이 생깁니다. 통제하거나 교정할 수 없는 것을 알지만 그래도 그렇게 하고 싶을 거예요. 그런 식으로 다른 사람과의 관계에 있어서 실수하기도 하고, 저처럼 즐거워야 할 때 즐기지 못하는 상황이 생기기도 하겠습니다. 저는 감정을 통제하지 말자고 이야기하는 것은 아닙니다. 중요한 것은 '언제 어떤 것을 통제하면서 어떤 식으로 내 안의 불안을 해소하고 내 안의 통제감을 어떻게 찾아가는가?'입니다. 신기하게도 앞서 이야기한 우리가 통제할 수 없는 것들로 인해 생긴 불안들은 다른 일을 통제하면서 꽤 해소되기도 해요. 어쩌면 우리는 우리의 뇌를 속이는 것일지도 모르겠습니다.

우리는 무엇을 통제할 수 있을까요? 바로 지금입니다. 지금 눈앞의 것을 당신의 몸을 움직여 집중하고 통제하면서, 앞서 통제하지 못해 겪는 막연한 불안감에 점차 브레이크를 밟아보길 제안합니다. 흔히 이야기하는 뜨개질이나 일기 쓰기 등이 정서 안정에 좋다는 것도 이와 같은 맥락일지도 모르겠습니다. 멀리 있는 불안을 우리의 눈앞으로 당겨오는 일이라 말할 수도 있겠고요. 지금 하는 활동이 주는 감각과 느낌에 대해 고삐를 잡고 완전한 감상을 해보는 거예요. 그것이 무엇이 됐던지요. 왜냐하면 나머지는 우리가 어떻게 할 수 없으니까요.

덧붙여, 여기 제가 흥미롭게 느꼈던 이론 하나가 있어요. 앞서 이야기한 막연한 부정적인 감정에 대한 것에서 더 나아가, 상황에 부적절한 감정을 느끼는 것에 대해 짧게 말해보고자 합니다. 영국의 심리학자 폴 길버트*Paul Gilbert*는 이를 세 가지 정서 조절 시스템이라고 언급하며, 우리의 마음속에서는 다음 세 가지 방법이 상호 작용하면서 정서를 조절한다고 말했습니다. 저는 좀 더 쉽게 이러한 방법들을 전략이라 부르겠습니다.

1. 유인이나 목적을 향해 달려가고 성취를 이루려 하는 전략
2. 위협에서 자신을 보호하려 하고 도망치려 하는 전략
3. 진정하고 만족하며 안녕을 느끼는 전략

곰곰이 생각해보면 신기하게도, 이 세 가지 전략 이외의 것을 정서를 조절하는 데 특별히 사용해본 적이 있나 싶어요. 당연한 말이지만 필요할 때 적절한 전략이 나오는 것이 최고겠습니다. 무언가를 간절히 원할 때는 1번 전략이 나와 열심히 일할 것이고, 어떤 위협이 생긴다면 자신을 보호하기 위해 2번 전략을 써야 하며, 사람들과 애착을 느끼고 행복한 시간을 보낼 때는 3번 전략을 써야겠죠.

하지만 우리의 마음은 감정적이고 왈가닥인 초짜 지휘관이라, 가끔은 적절하지 않은 전략을 추진하기도 합니다. 저처럼 즐거워야 할 때 불안감을 느끼기도 하고, 참아야 할 때 욱하며 화내기도 하며, 열정을 불태워야 할 때 오히려 느긋해지거나 도망가기도 합니다. 심지어 어떤 전략이 다른 옵션으로 존재한다는 것을 잊기도 하고, 하나의 전략이 습관이 돼서 그 전략만 종일 내어놓기도 하죠. 가끔은 마음속의 불편함으로 희미하게나마 우리는 전략이 잘못되고 있음을 알아차리곤 하며, 어떤 경우 심한 고통을 느낄 때도 있습니다.

내 감정이 통제되지 않는 스스로가 여전히 불만족스럽나요? 우리 모두 자책하지 말아요. '뭔가 이게 아닌데?' 같은 생각이 든다면, 마음의 상태와 그 이유, 그리고 지금의 상황을 잘 짚어 보자고요. 전략은 충분히 수정할 수 있는 일이니까요.

 캘선생의 한마디 즐거워야 할 때는 일단 즐겁기만 해보아요!

지금, 여기에 대한 이야기

지난 군의관 시절, 미국 여행을 하는 중에 맛있는 식사를 하고 일어나는데,

계산 플리즈.

즐거워야 할 여행 시간, 얼마 안 되는 돈은 내 마음 한쪽에 짐 하나를 싣게 했다.

영수증을 보니 예상보다 몇 달러 더 나오는 것이 아닌가.

우리는 내 손을 떠난 일에 불안감을 품고는 한다.

과거의 일   미래의 일

지금 할 수 없는 일

다른 사람의 일

이런저런 지출로 가벼운 걱정을 하던 터라 하루 종일 찝찝한 기분을 품고 돌아다녔는데,

통제할 수 없다는 사실을 알면서도 하고 싶어 하는 것이다.

비합리적인 불안감을 겪는다면, 거꾸로 지금 내 눈앞에 있고
내 손 안에서 통제할 수 있는 일에 집중을 해보는 것은 어떨까.

음, 내가 지금 불안감을 겪는
이유는 대강 알겠어.

그럼 어디서 통제감을
찾아올 수 있을까?

지금 하는 활동이 주는 감각과 느낌을
완전히 느껴보는 것이다.

즐거워야 할 때는
즐겁기만 해보자.

바람이 불고 신선한 기분이
드는구나.

나는 앞으로 가고 있고

나 말고 아무도 나를
통제할 수 없어.

둘루

♪~

그리고
나아가기

"그래서 제가 뭘 하면 되나요?" 진료를 허겁지겁 보다 보면 항상 이 질문은 제 말문을 막습니다. 어쩌면 다른 정신과 의사 선생님들도 공감할지 모르겠습니다. 전문의 과정을 수료하는 동안, 내담자에게 어떤 행동이나 선택을 지시하는 일은 정신과 의사가 해서는 안 되는 일이라 교육받은 적이 있습니다. 한 개인의 삶에 책임감 없는 말을 하는 것에 대한 경계심이 번쩍 들었던 기억이 있어요.

하지만 내담자 입장에서는 이런 태도가 엄청나게 답답할 수 있겠습니다. 이해합니다. 의사들은 내담자의 문제에는 "왜"라고 물으며 집요하게 탐구하다가 정작 내담자가 "어떻게"라고 되물으면 미온적인 답을 내놓는 것처럼 보이기도 하겠습니다. 그래서 이번 챕터에서 저는 조금 용기를 내고, 한 발 앞으로 나아가는 방법에 대해 힌트를 조금 드리려고 합니다. 불특정 다수에게 이야기할 수 있는 책이라는 매체의 특성을 빌려서요.

마지막 챕터에서는 불안한 상황에서 먹는 마음가짐과,
실패가 두려워서 앞으로 나아가는 것이
도대체 의미 없는 것 같은 일을 계속해서 하는 것처럼
느껴질 때의 이야기를 나눕니다.

덧붙여 꼭 해야 할 일이지만 시작이 어려운 상황과, 감사의 마음과
수면의 중요성에 대해서도 말해볼 것이며, 마지막으로 부정적인 감정
이 어떤 과정으로 나아지고 우리가 잘 치내게 되는지 설명해볼 계획입
니다.

글머리에서 받았던 질문을 역질문으로 대답해보죠.

"뭐부터 시작할 수 있나요?"

　　　　　　　　그리고 나아가기

실패가 두려워요

'절대'라고 하지 말 것

몇 달 뒤면 꿈에 그리던 저의 식당을 오픈합니다. 이 식당을 열기 위해 그동안 부모님의 도움을 받아 해외 유학을 가기도 했고, 이상하고 괴팍한 사람 밑에서 낮은 연봉과 모욕을 참으면서 요리를 배웠어요. 그리고 드디어 요리를 배운 지 십수 년 만에 제 식당을 여는 거예요. 이날을 얼마나 기다렸는지 몰라요. 그런데 선생님, 참 이상하죠. 일을 배울 때는 제 식당이 있으면 너무 행복하고 좋을 것 같았는데, 막상 영업을 시작한다고 생각하니 더 걱정되고 무서운 기분이 들어요. '내 요리 기술로 사람들에게 어필하지 못하면 어떡하지? 십 수년간 몰방했던 시간이 의미가 없어지면 어떡하지? 그리고 내 가게가 망해버린다면, 내가 실패자가 되면 어떡하지?' 이런 고민에 오히려 일을 배울 때보다 잠을 더 못자고 불안한 기분이 들어요.

며칠 전에는 잠을 이루지 못했어요. 한밤중에 일어나서 집안 곳곳을 혼자 정신없이 돌아다니기도 했고요. 개업할 가게의 인테리어 현장을 하루에도 서너 번씩 다녀오기도 하고, 불필요한 메뉴를 마구 추가했다가 다시 지웠죠. 개업하고 어느 정도 궤도에 오르면 조금은 나아지겠죠? 부모님의 기대도 있고, 저도 조금 무리해서 개업하는 거예요. 저는 진짜 성공해야만 해요. 성공하지 않으면 안 돼요. 이 일이 잘못되고 실패한 제 모습은 상상만 해도 너무 고통스러운데, 계속해서 그것을 떠올리게 돼요. 어떡하면 좋을까요? 생각을 없애고 싶어요.

우리는 가끔 살면서 너무나 간절히 원하는 일이 생기기도 합니다. 원하는 일이 있다는 건 정말 좋은 일이죠! 그런 일은 우리를 움직이게 하고 발전시키며 나아가게 합니다. 바라는 것이 있고, 그것에 닿기 위해 노력하는 삶은 칭찬받아 마땅합니다. 마음에 어려운 일이 있어 진료실에서 만나게 되는 내담자는, 하고 싶은 것이 없고 무료한 삶을 산다고 말하는 사람이 뭔가를 이루고 싶고 간절하다고 하는 사람보다 몇 배는 더 많은 것처럼 느껴집니다. 저는 치료자로서 내담자가 무언가를 바라고 원한다고 하면 반가운 기분마저 들어요. 그 말 자체가 적어도 사람을 움직이는 동력이라고 할 만한 것을 마음속에 품고 있다는 이야기처럼 느껴지거든요. 저를 자동차 정비소의 엔지니어라고 비유하자면, 덜컹거리는 자동차를 가져온 내담자에게 "엔진은 쌩쌩 잘 돌아가고 있군요!"라고 말할 수도 있겠습니다.

하지만 여기에는 불편한 사실이 있습니다. 우리는 원한다고 모든 것을 이룰 수 없다는 걸 알고 있거든요. 어떤 위인전에 나올 만한 위대한 사람도 원하는 것을 전부 얻은, 마치 성취율 백 퍼센트의 게임 같은 삶을 살다 간 사람은 없을 거예요. 대부분은 원하고 노력해서 이루거나, 노력했다가 실패하고 다시 시도하는 것을 반복하면서 살고 있습니다. 그리고 왠지 우리는 마음속에 조금 실패해도 되는 것과, 실패하면 안 되는 것으로 목표들을 구분해놓죠. 제가 내일 제시간에 출근하는 일에 실패한다거나, 저녁 식사를 위한 요리를 망친다고 생각해보아요. 기분이 하루 정도는 나쁠 수 있겠죠. 그것 때문에 제 머릿속에 인생이 무너지는 그림은 떠오르지 않을 겁니다. 그러나 전 재산을 건 사업이 실패하거나, 수년을 바쳐 공부한 시험에서 떨어지는 일은 전혀 다른 이야기겠죠. 그 이유는 곧 소망의 강렬함에서 오는 차이라 말할 수 있을 겁니다.

소망은 그 간절함이 강렬할수록 '그 일이 잘됐으면 좋겠다'에서 '그 일은 꼭 돼야만 해!'라는, 내면에 확고한 믿음과 같은 형태로 굳어지게 됩니다. 그리고 그 믿음을 오랫동안 가지고 있으면, 믿음이 실현되지 않은 세상은 상상만 해도 어둡고 끔찍할 것이라는 생각도 같이 따라오게 되죠. 심지어 굳이 그러지 않아도 되는 일마저도 그렇게 되는 일이 발생하기도 하고요. '나는 새로운 사람들과 친해지고 싶어'가 '나는 새로운 사람들과 친해지지 않으면 안 되고, 실패한다면 나는 처량한 외톨이가 될 거야'로 변하고, '나는 이 프로젝트를 성공시키면 좋겠어'가 '나는 이 프로젝트를 꼭 성공시켜야 하고, 그렇지 못하면 나는 회사에서 가치가 없는 사람이 될 거야'로 변하는 모습을 종종 봅니다.

안타까운 일입니다. 우리의 소망이라는 녀석은 참 야속하지 않나요. 저는 진료실에서 종종 내담자의 이해를 돕기 위해 맨바닥에 나무 작대기로 선을 하나 긋는 사람의 그림을 그리곤 합니다. 그러고는 물어보죠.

> 이 선 안의 영역에서 지낼 수 있다면 정말 좋겠으나, 만일 이 선을 실수로 넘으면 어떻게 되나요? 이 선의 반대 영역은 절벽인가요? 이 선을 넘어간 죄로 당신은 다른 사람이 되거나

미리 아쉬운 말을 하자면, 당신의 내면에서 선에 대해 믿음을 가지던, 가지지 않든 상관없이 앞으로 당신이 바라지 않는 일이 일어날 가능성은 사라지지 않을 거예요. 오히려 절대라는 단어는 자신을 불안과 불면의 늪으로 끌고 가, 실제의 삶에서 당신의 능력을 백 퍼센트 발휘하지 못하게 발목을 잡기도 합니다. 그토록 간절히 소망하는 마음이, 가상의 선을 넘어가게 됐을 때 일어날 수 있다고 가정하는 미지의 불행에 대한 불안감을 만들어낼 수도 있습니다. 오히려 당신의 소망을 방해하는 웃지 못할 상황을 빚어내는 거죠. 그러니 저는 실패의 가능성을 인정하는 편이 좋다고 조심스레 말하는 편입니다. 앞날에 초 치는 것처럼 느껴질 수도 있겠습니다. 하지만 이는 실패는 일정 확률로 당연히 따라올 것이고, 그것을 마치 달려오는 기차를 선로에 누워 기다리듯이 받아들이라는 뜻은 절대 아닙니다. 냉정한 눈으로 실패의 가능성을 자세히 살펴보고 그것이 일어날 확률을 묵묵히 줄여 나가자고 제안하는 거예요.

물론 간절히 원할수록 실패는 너무나도 뼈아픕니다. 그 고통을 부정할 수는 없습니다. 그러나 고통이 당신을 지배할 수는 없는 일이겠죠. 몹시 간절했던, 마치 믿음과 같았던 소망에서 당신이 과거에 겪었던 불운으로 인한 실패를 찾지 마세요. 과거의 실패가 당신을 덮치게 해서 스스로를 타락한 배교자로

그리고 나아가기

만들 일은 없어야 하겠습니다. 가끔 지갑을 냉장고에 넣거나, 바지를 거꾸로 입는 바보 같은 일을 한다고 해서 우리가 바보가 되는 것은 아니듯, 한두 번의 실패가 당신을 실패자로 만들진 않습니다.

> 나는 바라는 일이 있고, 그것을 꼭 이루기 위해 실패의 가능성을 내가 할 수 있는 최선을 다해 줄여 나갈 거야. 물론 그 일이 내가 줄여 나간 최소의 확률에 맞아 실패하게 된다면 너무나 고통스럽겠지. 하지만 나는 그 고통도 감내할 수 있는 사람이고, 한 번의 실패가 나를 삶의 패배자로 만들지는 않으며, 오히려 그 고통으로 얻을 수 있는 깨달음이 있을지도 몰라.

이런 마인드 셋을 갖고 계신다면 저는 1만 점을 드리고 싶습니다. 당연히 쉽진 않겠지만요.

야구를 정말 좋아하는 사람으로서, 저는 야구에 빗대어 설명하길 즐기는 편입니다. 90년대 메이저리그의 위대한 투수 그레그 매덕스Greg Maddux는 이렇게 말했습니다.

> "내가 야구를 통해 배운 것은 나의 투구 이외에 경기의 나머지 부분들은 내가 어찌해볼 도리가 없다는 것이었다."

저는 매덕스의 이 말을 정말 좋아합니다. 투수의 손을 떠난 공이 아웃이 될지, 안타나 홈런이 될지는 아무도 모를 일이지 않겠어요. 마냥 자신이 가지고 있는 최고의 공을 정성껏 뿌리는 일밖에 없습니다. 가끔 원치 않는 결과가 일어날 수도 있겠으나, 그것이 당신을 바꾸진 못할 일입니다. 매덕스가 홈런을 맞아도 매덕스인 것처럼요.

 캘선생의 한마디 실패의 가능성을 부정하지 말고, 냉정하게 바라보세요! 그리고 열정적으로 부딪히세요!

그리고 나아가기

살아가면서 너무 간절히 원하는 일도 가끔 생기지만

그것이 이루어지지 않은 세상은 생각만 해도 끔찍하고 견뎌낼 수 없을 것이다.

아쉽게도 소망이 항상 실현되는 것은 아니다.

하지만 우리가 그런 믿음을 품는다고 원치 않는 일이 생길 가능성은 사라지지 않으며 오히려 자신을 파먹기도 한다.

소망이 강렬할수록 우리 안에서 꼭 돼야만 하는 일이라는 믿음이 되기 쉽다.

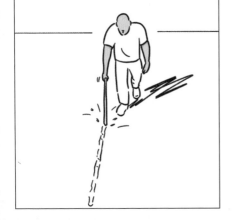

우리가 할 수 있는 게 있다면 실패의 가능성을 인정하고 그 확률을 줄여가는 것이다.

이직하면 나아질까요

성취와 의미는 다른 말

하루 종일 모니터 앞에 앉아서
엑셀을 편집하고, 일을 받고, 또 발표 자료를 만들고…

선생님, 삶의 의미가 뭘까요? 저는 좀 지친 것 같아요. 하루 종일 모니터 앞에 앉아서 엑셀을 편집하고, 일을 받고, 또 발표 자료를 만들고. 이걸 주 5일, 매달, 매년 반복하는 이 삶에서 저는 어떤 의미를 찾을 수 있을까요?

출근하면 마음이 콱 막힌 것처럼 답답해요. 이 짓을 평생 한다고 생각하면 '정말 내가 여기 갇혀서 어쩔 수 없는 상황에 놓여 있구나' 싶고요. 가끔 자리에 앉아서 주변에 앉아 있는 제 윗사람들을 쭉 둘러보아요. 다들 하나같이 찌들어 있거나 재미없는 얼굴로 일하고 있어요.

저게 정말 내 미래일까? 나도 몇 년 후엔 저 사람들처럼 멍청한 얼굴로 일하고 있겠지? 이 단순하고 바보 같은 일을 저 사람들은 어떤 즐거움으로 십수 년째 하고 앉아있지? 이런 부정적인 생각들만 들어요. 아무리 생각해도 저는 정말 의미 없는 일을 하는 것 같아요. 무슨 부귀영화를 누리겠다고 제 젊은 날을 이런 갑갑한 곳에서 보내고 있을까요? 이직하면 나아질까요? 아니면 일을 잠시 관두고 멀리 여행이라도 한 달 정도 다녀온다면 제 삶과 일의 의미를 찾을 수 있을까요?

사람들은 자신이 하는 일에서 의미를 찾는 게 힘들다고 합니다. 특히 직장 생활이나 하는 일이 어느 정도 손에 익기 시작한 시점에서 그런 질문을 스스로 던지는 경우가 많은 듯해요. 뭔가 반복적인 활동을 하는 것 같고, 들인 시간에 비해 대단한 성과가 눈앞에 턱, 하고 나타나 있는 것은 아닙니다. 그 상황에서 당신이 이 일을 그만둘 수도, 계속할 수도 없을 것 같은 딜레마에 빠져 있는 상황이라면 그런 의문을 가지기 쉽습니다. 진료를 볼 때 제게 단도직입적으로 묻는 내담자도 가끔 있어요.

그리고 나아가기

선생님, 삶의 의미란 무엇인가요? 제 삶은 무슨 의미가 있을까요?

이런 질문을 받으면 가끔 말문이 막힙니다. 왜냐하면 '의미'라는 단어가 주는 막연함 때문에 그래요. 내담자가 말하는 '의미'는 어떤 뜻이 있을까, 그 단어의 정의에 대해 어떤 답을 듣고 싶어 할까? 저 혼자 고민합니다. 어쩌면 제가 선택과 지시를 대신해주길 바라는 것 같이 느껴질 때도 있어요. 그럴 때면 저는 거꾸로 물어봅니다.

본인이 말하는 의미는 어떤 의미인가요?

그것이 '성취'를 뜻한다면, 우리 둘 중 누구도 그것을 아직은 알 수 없습니다. 저는 다수의 내담자가 '의미'라는 단어를 '성취'라는 단어와 혼용해서 쓰고 있다는 느낌을 받아요. "제 일에서 의미를 찾지 못하겠어요"라는 말은, "가시적인 무언가를 이루어 내지 못하는 상태에서 제가 이 반복적이고 벗어날 수 없는 일을 계속 해야 할까요?"라는 질문으로 바꿀 수도 있겠습니다. 내담자의 질문 의도가 성취에 있다면, 아쉽게도 저는 대답하기 어렵겠네요. 저는 정신과 의사이지, 점쟁이는 아니니까요. 아직 성취를 이뤄내지 못하셨나요? 그렇지만 그 일을 계속하면 이뤄낼 수 있는 자질을 가지고 있는 것인지, 아니면 정말

말 그대로 삽질하는 건지는 아무도 모르죠. 저도, 내담자도 마찬가지일 겁니다. 오히려 그 일을 하는 내담자가 더 잘 알 수도 있습니다.

그리고 아주 많은 경우, 성취를 이뤄내면 그제야 자신이 행해왔던 일들을 돌아보면서 거꾸로 과거의 사건에서 의미를 찾아내기도 합니다. 축구 경기 중계를 예로 들어 보자고요. 중계 중에 골이 들어가면 그 골이 만들어진 과정을 여러 번씩 리플레이 해줍니다. 여러 번의 패스 끝에 공격수가 골을 넣었다고 해서 그 모든 패스가 의미를 품고 진행된 건지는 아무도 모르지 않겠어요. 골을 위해 필요한 패스였지만 그 패스가 이후의 결과를 염두에 둔 패스인지, 단순히 달려오는 수비수를 피하고자 어쩔 수 없이 동료에게 넘겨준 패스인지 우리가 알게 뭡니까. 골이 들어갔으니, 필요했던 패스가 되는 것이죠. 마찬가지로 지금 당신이 하고 있는 밋밋하고 재미없는, 하지만 어쩔 수 없이 해야 하는 일들로 인해 언젠가 달콤한 성취를 맛보는 순간이 올 수도 있습니다. 그렇다면, 지금의 지루한 시간도 알고 보니 아주 큰 의미를 품었던 시간으로 재발견될지도요.

아니면 '의미'라는 단어가 '큰 뜻'을 담고 있을 때도 있겠습니다. 호방한 뜻을 품고 인생을 사는 것은 참 멋지죠. 저도 종종 위인전이나 자기계발서를 읽거나 매체에서 누군가의 각색된 멋진 성공담을 보면서 '나도 저런 큰 뜻을 품고 삶을 살아야겠다'는 마음을 품습니다. 하지만 이 또한 어느 정도는 앞서 말한,

성공한 사람들의 성취한 지점에서부터 거꾸로 만들어 간 의미는 아닐까요? 위인들도 처음부터 그런 어마어마한 뜻을 품었을까 싶은 의문이 들어요.

물론 '남을 돕는 삶을 살아야지', '몇 살 안에 어떤 수준 이상의 성취를 올려야지', '풍요로운 삶을 이루기 위해 남들보다 더 열심히 살아야지' 같은 마음속 모토를 만들어 두는 것도 좋긴 하나 그것은 어디까지나 당신의 진심이어야 하겠습니다. 그것이 내면에서 자연스럽게 나오지 않는다면 당신을 갉아먹고 불안에 가두는 또 하나의 잣대로 변질하기도 해요. 개인적인 생각으로는 어떤 분야에서 성공한 사람이든 그렇지 않은 사람이든 간에, 그렇게 대단한 의미가 있는 문장을 피곤하게 하루 종일 품고 살지 않는 것 같아요. 오히려 그날그날 최선을 다하고 묵묵히 준비하는 사람들이 특출난 큰 뜻을 이루려고 애쓰는 사람들보다 더 많다고 봅니다.

그리고 '큰 뜻'이라는 것 자체에 함정이 있습니다. '큰 뜻'이라는 말은 맹신하기 쉬워요. 너무나 옳은 것처럼 느껴지는 문장은 다른 의견을 틀린 의견으로 만들어 버리기도, 개인적인 뜻을 위해 자신 외의 사람이 누리는 안온한 삶을 희생시키려 하기도 합니다. '내 생각이 맞는데, 이건 이렇게 돼야 하는데. 왜 나는, 그리고 당신은 그 뜻에 따라 행동하지 않지?' 같은 협소한 시각을 생기기도 하고요. 삽시간에 당신의 좋은 의미에 맞지 않는 모습과 상황들은 모두 그 자체로 의미 없는 일이 돼 버리는, 아주 위험한 상황을 초래하기도 합니다. 만일 그런 '의미'가 필요하다면 차라리 의미를 찾지 않는 것이 더 나을지도 모르겠어요.

그것보다 저는 의미 없는 일을 하고 있다는 말을 들을 때면, 내담자가 그 일에서 대단한 성취를 찾거나 큰 뜻을 원한다고 말하기보다는 그 일을 하면서 낙이 없다고 말하는 것처럼 느껴지기도 합니다. 물론 일이 재미있으려면 어느 정도 성취나 보상이 있어야 하죠. 그런 의미에서 맥락이 아주 다른 이야기는 아니겠지만, 아쉽게도 성취와 보상의 순간은 매번 일어나진 않습니다. 그렇다면 그 '의미'라고 쓰고 '재미'라고 읽는 일은 어디에서 찾아야 할까요? 바로 우리의 뇌를 다시 한번 속여보는 겁니다. 큰 재미 대신 잔재미를 찾아가면서요.

그날의 의외성을 하루에 하나씩 끼워보는 겁니다. 저의 경우 팍팍한 레지던트 생활 동안 캐릭터 인형 머리가 달린 우스꽝스러운 펜을 가운 주머니에 끼워 두고 다니곤 했습니다. 그리고 병원을 지나다니면서 누가 그것을 알아보는지 속으로 저 자신과 내기했어요. 아침에 일어나서 일하는 것은 죽기보다 싫을 때도 종종 있었지만, 그것과 별개로 인형 머리를 알아보는 사람들이 제게 말을 거는 의외의 순간들은 제 나름의 즐거움이 됐습니다. 가끔 서류에 사인할 때 우스꽝스러운 펜을 꺼내거나 누군가 펜이 필요한 순간에 그 펜을 건네며 재미를 찾는 거죠. 펜을 보며 상대가 웃어버릴지 당황할지 지켜보는 일도

　　　　　　　　　　　　　그리고 나아가기

제게는 하루의 소소한 잔재미였습니다.

　의미를 이야기하는데 갑작스레 잔재미를 이야기하는 것이 의아스러울 수도 있겠습니다만, 그 의미가 성취가 됐건, 큰 뜻이 됐건 당장 눈에 보이지 않는다면 오늘의 소중한 시간과 명랑한 기분을 낭비해가면서까지 기필코 찾아내야 하는 물건은 아닐 거예요. 앞선 챕터에서 언급했듯 다가오는 고통 속에서 의미를 찾아내고 추려서 앞으로 나아가는 일은 중요하지만, 매일 하는 일에까지 특출난 의미와 미션을 붙이고 기준을 두며 나 자신을 두 번 힘들게 하는 일은 가끔은 미련하게 느껴집니다. 우리는 그것을 언젠가 찾을지도, 영영 알지 못하게 될지도, 아니면 예상했던 것과는 조금 다른 이상한 형태로 성취라는 녀석을 손에 쥘지도 모릅니다.

　우리가 살고 있는 것은 바로 지금 여기 오늘이에요. 그리고 오늘 나의 시간은 너무나도 소중합니다. 만일 우리가 이 일의 끝에 나쁜 결과를 손에 쥐게 될지라도, 오늘의 시간을 단순히 나쁜 추억으로만 만들면서 보낸다고 생각하면 정말 끔찍하지 않나요? 당신이 시간이 지나 돌이켜 보았을 때 '그래도 후회 안 해, 그 나름의 즐거움이 있었어'라고 할 수 있는 오늘을 살기를 바랍니다. 부디 이 기나긴 삽질의 끝에 가장 반짝이고 무거운 다이아몬드가 당신의 손에 쥐어지길 간절히 빌어보아요!

 캘선생의 한마디 오늘의 재미에 집중해보는 건 어떨까요?

많은 사람이 자신이 하는 일에서 의미를 찾는 게 힘들다고 한다.

그 과정에서 정말 의미가 없는 일을 하게 될지도 모른다.

하지만 그 의미라는 단어는 가끔 모호하다.

지금 당장에는 절대 알 수 없는 일이며, 간혹 결과에서 의미를 얻게 되기도 한다.

살아가면서 너무 간절히 원하는 일도 가끔 생기지만

몇몇 내담자들은 자신이
의미 없는 일을
하고 있는 것 같다고 한다.

그 말은 일에 낙이 없다고
하는 것처럼 들리는데,

즐거울 일이 없는 것 같군.

어쩔 수 없이 하는 일로 인해 시간을 낭비하고 있다는
생각이 든다면,

어라?

사소한 의외성과 하찮은 재미를 찾아가며
기분 좋게 시간을 낭비하는 것은 어떨까?

오늘은
저 곰돌이 펜으로
결재를 받아볼까?

돌이켜보면 그 일을 한 건
정말 시간 낭비! 뻘!짓!이었어요.

하지만 나름의 즐거움이 있었고
후회하진 않아요!

모든 일의 결과는 어떻게 될지 모른다.

당신의 오늘은 단순히 나쁜 추억만으로
채우기에는 너무나 소중하다.

시작이 너무 어려워요

잘해내는 것과 완벽하게 해내는 것

이제 저는 대학교 졸업반이고 슬슬 취업을 적극적으로 알아보아야 하는 상황이에요. 요즘 조금 복잡한 마음이 들어요. 저는 취업을 너무 하고 싶고, 멋진 직장에 들어가 제 손으로 월급을 벌면서 열심히 일하는 제 모습을 그렸어요. 하지만 마음속 다른 한편에서는 이걸 굳이 해야 하나 싶어요. 다른 계획이 있는 것도 아니고, 제 밥벌이를 해야 부모님으로부터 독립할 수 있는데도 말이에요. 정말 이상하다니까요. 제가 취업

그리고 나아가기

을 정말 원하는 것처럼 저 스스로 속이고 있나 싶고요. 그렇다고 아무것도 준비하지 않은 건 아니에요. 남들이 다 하는 자격증도 몇 개 따 뒀고 학점도 남과 비교하면 그럭저럭 밀지지는 않는 정도로 받아놨어요.

다시 말하지만, 저도 취업해야 하는 것도 알고 있어요. 간절히 원하기도 해요. 그런데 본격적으로 시작하는 건 생각만으로도 너무 부담스럽고, 피곤하고, 가끔은 겁나요. 일단 마음을 비우고 또렷한 정신으로 시작하기 위해서 한 달은 아무것도 하지 않고 간간이 여행을 다녀오거나 친구들과 놀러 다녔어요. 그런데 마음을 비우려고 간 여행지에서도, 친구들과의 약속 자리에서도 제가 자꾸 취업해야 하는 것이 생각나서 제대로 즐기지도 못했어요. 단지 제가 게으른 걸까요? 제가 ADHD 같은 문제라도 있는 걸까요?

저도 미루는 것을 즐기는 사람으로서 이번 고민을 너무나도 깊게 공감합니다. 우리는 왜 이렇게 합리적이지 못할까요? 해야 하는 일이 있다면 적당한 시간 계획과 일정을 짜서 미리미리 준비하고, 필요한 것이 있으면 정확하게 딱딱 확인해보며, 변수가 있을 위험에 대비해서 여유 있게 시간을 쓸 수 있다면 우리가 못해낼 것이 없겠죠. 가끔 저는 해야 하는 일에 대해 마스터플랜을 가지고 '아, 이건 하루에 두세 시간만 육 개월 동안 투자하면 충분히 해낼 수 있겠어'라고 말하며 묵묵히 해내는 멋진 제 모습을 그리는 공상에 빠지기도 합니다. 정작 그것도 할 일을 미루면서 하는 공상이지만요.

불행하게도 우리는 대부분 그렇게 정확하게 살아가지 못하며, 가끔 주변에 그런 사람이 있으면 독종이라고 부르며 경외감을 느낍니다. 우리네의 모습은, 조금씩 미루다가 이제 안 하면 안 될 것 같은 불안감이 등골을 타고 서늘하게 올라올 때 찔끔찔끔 시작하면서 대부분 벼락치기로 마무리되는 것이죠. 그게 꼭 해야 하는 일임에도 불구하고요. 저는 당신의 시작이 어려운 이유를 다음과 같이 추론해봅니다.

첫 번째 이유는 그 일의 불쾌감이 먼저 떠오르기 때문일 겁니다. 시험공부를 예로 들어봅니다. 대한민국에서 교육받은 우리는 누구나 시험공부가 어떤 느낌을 주는지 익히 알고 있잖아요. 어떤 점수 이상을 넘겨야 한다는 압박감, 주변의 친구와 경쟁해야 한다는 부담감, 내가 외운 것이 내 머릿속에서 빠져나가지 않을까 하는 불안감 등 잠시 떠올려 보기만 해도 끝이 없군요. 정말 지긋지긋합니다. 저만 해도 전문의 시험을 마치고, '와, 더 이상 시험을 치지 않아도 되는 삶이 펼쳐지겠구나!' 하면서 즐거워했으니까요. 이런 일을 시작할 때 번쩍하면

그리고 나아가기

서 밀려오는 경험적 감정은 대개 우리가 겪었던 최악의 순간일 겁니다. 자잘한 건 기억이 잘 안 나죠.

중학교 2학년 1학기 중간고사 때 국어 시험의 문제로 어떤 지문이 나왔는지, 그것을 푸는데 어떤 어려움과 불쾌감이 있었는지 구체적으로 기억하는 사람은 거의 없을 겁니다. 국어가 당신의 약점이었다고 하면, 당연히 수능 1교시 언어영역에서 느꼈던 불확실함과 그에 따른 불안감이 먼저 떠오르겠죠. 마찬가지로 어떤 일을 시작할 때 떠오르는 불쾌감이 있다면 그것은 당신이 가정할 수 있는 최악일 가능성이 높습니다. 하지만 막상 그 일을 시작해본다면, 당신이 유추했던 불쾌감은 생각보다 별것 아닐 수도 있습니다.

두 번째 이유는 당신의 섣부른 불안감에 있습니다. 우리는 스스로 제대로 하지 못하리라는 생각이 들어 지레 불안감을 느끼곤 합니다. 저는 진료하면서 "나를 못 믿겠어요"라는 말을 자주 들어요. 특히 이전에 여러 차례 실패를 겪은 내담자들이 이런 말을 많이 하죠. 어떤 일을 시작했다가 실패하는 일을 반복하면 어느새 자신을 실패하는 사람으로 규정짓게 됩니다. 그건 스스로 어떤 문제가 있어서가 아니라, 우리의 뇌가 패턴을 보고 판단하기 때문입니다. 뇌가 판단하기에 반복을 기억하는 일은 다음의 패턴을 예상하기에 합리적이긴 합니다. 하지만 이전에 겪었던 각각의 실패가 모두 같은 한 가지의 원인에서 기인했을까요?

거꾸로 성공을 예로 들어보겠습니다. 한 젊은 사업가의 성공 원인을 단순히 '열심히 살아서', '똑똑해서'라고 말할 수는 없겠죠. 자신의 성실과 영민함만큼이나 주변의 도움과 세상의 분위기와 대세, 그리고 어느 정도의 운 등 너무나도 다면적인 요소가 젊은 사업가의 성공을 뒷받침하고 있을 겁니다.

실패도 마찬가지일 거예요. 과거의 실패 원인을 단지 "나는 실패자이기 때문"이라고 말하는 것은 너무나도 단순하고 이해가 떨어지는 일이며 나 자신에게 가혹하게 구는 행동입니다. 조금만 자세히 들여다본다면 각각의 실패는 아주 다른 다면적인 이유를 바탕으로 그 결과가 만들어졌을 거예요. 그래서 다시, 자신을 못 믿겠다고 하는 내담자에게 저는 말합니다.

> "믿을 만해야 믿죠. 시작도 하지 않은 일에 믿을 만한 구석이 어디 있겠어요. 이 일을 시작하는 지금부터 조금씩 믿을 만한 구석을 만들면 되지 않을까요?"

세 번째 이유로, 모든 것이 갖춰진 상태에서 완벽한 결과물을 얻고자 하는 마음이 시작을 어렵게 하기도 합니다. 모처럼 큰맘 먹고 도서관에 공부하러 책을 싸 들고 들어갔는데, 노트 필기를 하려고 보니 지우개를 가져오지 않아 하루 공부를 망친 경험을 해봤는지요? 일이 삐걱거리고 울퉁불퉁하게 진행되고 있다는 불쾌한 기분을 느끼고 싶지 않은 것은 내가 일

그리고 나아가기

을 경쾌하게 시작하는 것을 막는 요인 중의 하나일 겁니다. 뭔가 제대로 되고 있지 않은 기분은 누구나 느끼기 싫으니까요. 그래서 가끔 우리는 모든 것을 다 갖추고 시작하려 합니다. 지금 당장 필요가 없는 것까지 말이에요. 물론 안심되겠죠. 필요할 때 필요한 게 있는 건 중요합니다. 그러나 그것에 몰두해서, '아직 이게 갖춰지지 않아 시작 하지 못해,' '일정이 아직 나오지 않아 준비할 수 없어' 같은 말로 경쾌한 시작을 막는다면 문제가 됩니다.

더 나아가 우리는 은연중에 완벽한 결과물을 바라기도 합니다. 굳이 그러지 않아도 되는 일에서도 말이죠. 하지만 완벽한 직장 생활, 완벽한 사업 성공, 완벽한 결혼 생활이 있을까요? 곰곰이 생각해보아요. 대개는 어느 정도만 잘 해내면 되는 것 아닌가요? 당신이 무의식적으로 느끼는 완벽주의는 한발 더 나아가 이 일이 완벽하지 않으면 실패고, 실패를 감내하는 일은 불행하고 고통스러울 것이라는 가정을 포함하며, 이는 다시 지금의 지점으로 돌아와 우리가 시작 버튼을 누르는 것을 고민하게 만듭니다. 당신이 미래의 감정을 섣불리 유추하고, 발생하지도 않은 불쾌감을 회피할수록 우리는 해야만 하는 일의 시작을 점점 늦추게 될 겁니다.

혹시 당신도 꼭 해야 하는 일이 있고 그걸 알지만, 단지 그 일을 쳐다보지 않으므로 가벼운 위안을 받는 상태인가요? 그럼 일단은 해보세요. 시작하는 것은 생각보다 큰 결심이나 각오가 필요한 일이 아닙니다. 모든 것을 갖춰야 하거나 완벽한 결과물이 나와야 하는 일도 극히 적고요. 스스로 의심할 여지를 주지 말고, 대충 시작해보아요. 그 과정에서 당신이 예상했거나, 어쩌면 전혀 새로운 문제와 부딪혀 보세요. 당신이 그에 수반한 부정적인 감정을 완전히 느끼며, 그것과 함께 올 결과에서부터 성취감과 깨달음을 만끽하기를 바랍니다. 제가 마음 깊이 응원하겠습니다. 오늘 시작하기 힘든 일은 내일이라고 달라지지 않으니까요.

 캘선생의 한마디 시작 버튼을 누르는 것은 생각보다 어려운 일이 아니에요!

그리고 나아가기

가끔 꼭 해야만 하는 일도 있다.

저거 버려야
하는데.

제대로 해내지 못하리라는 생각으로 자신을 불안
에 빠뜨리기도 한다.

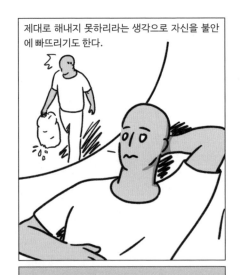

대개 그런 일은 그리 유쾌하지 않다.

…하지만,

잘 해내는 것과 완벽하게 해내는 것은
꽤 많은 차이가 있다.

괜스레 그 일이 주는 불쾌감에 부정적인 감정이
먼저 솟아나기도 하고.

나는 이 쓰레기를
완벽하게
버리고 오겠어!!

그냥 버리고 오면 되지.
무슨 완벽이야…?

왜 감사해야 하나요?

잃어버린 의미를 찾아서

저는 이해가 안 되는데요. 제가 도대체 누구한테 고마워해야 하죠? 알겠지만 저는 살면서 부모님이나 형제들한테 도움받은 적이 없어요. 저를 도와주는 사람이 단 한 명도 없다고요. 대학교에 다닐 때도 제힘으로 장학금을 받으면서 다녔어요. 대학교 때 아르바이트로 벌었던 돈도 모두 부모님이나 동생들 용돈으로 다 썼고요, 심지어 부모님은 대학에 들어가는 걸 반대했어요. 돈 나간다면서요.

저는 보란 듯이 증명해냈지만, 아직도 부모님은 제가 얼마나 열심히 살았는지 모르는 것 같아요. 높은 경쟁률을 뚫고 사람들이 선망하는 직장에 취직해도 제 현실은 그대로예요. 다른 동료들은 부모님의 도움을 받거나 자기가 열심히 돈을 모아 독립하고 가정을 이루기 바쁜데 저는 계속해서 가족들에게 돈을 주면서 빠듯하게 살고 있어요.

저는 이게 가족애라고 믿었지만, 가끔 다들 은혜를 모른다는 생각이 들어요. 감사는 가족들이 저한테 해야죠. 가족만이 아니에요. 아무리 생각해도 저는 감사할 사람이 전혀 없어요. 태어나서 지금까지 정말 혼자 힘으로 여기까지 왔어요. 주위 사람들은 항상 저를 이용하거나 이기려 하기만 했어요. 그런데 제가 왜요? 누구한테 감사해야 하죠?

감사합니다. 당신이 읽고 있는 이 책의 막바지 무렵에서야 비밀스러운 고백을 하게 되네요. 모자라고 엉성한 그림과 글이 담긴 이 쑥스러운 물건을 당신이 어떤 경로로 접했고 어떤 마음으로 읽고 있을지는 모르겠으나, 어떤 모양이든 저는 감사하다는 마음밖에 들지 않습니다. 감사하다는 말을 쓰고 있는 지금에도 제 마음에 감사의 온기가 피어오르니, 오늘은 꽤 기분

그리고 나아가기

이 좋은 하루를 보내고 있다고 이야기할 수 있겠네요.

이 글을 쓰고 있는 활동에도 감사한 마음이 들고, 이 활동을 할 수 있도록 계약을 제안해준 출판사와 저를 발견해낸 편집자에게도 감사하며, SNS에서 말괄량이처럼 그림을 그려 대는 저를 알아보고 공감해준 팔로워들도 너무나 감사합니다. 그리고 마지막으로, 일단 펜을 들고 낙서를 시작한 과거의 제게 조심스레 고맙다는 말을 전하고 싶네요.

세상에 고마울 일이 참 많습니다. 그리고 감사할 일을 떠올리는 것만으로 생각보다 내가 그리 외로운 사람이 아니라는 느낌입니다. 당장 누군가 함께 있지 않아도 말이에요. 새삼스럽게 신기한 기분이 듭니다.

감사를 전하는 글을 읽으며, 마음이 뾰족한 이들은 '캘선생 당신이야 책을 쓰는 대~단한 일을 하고 있으니 감사할 일이 많겠지, 나는 그럴 일이 도통 없다고!'라며 코웃음을 칠 수도 있겠습니다. 고마울 일을 떠올리는 것은 미운 일, 섭섭한 일을 떠올리는 것보다 조금 더 시간이 오래 걸리고 많은 품이 드는 경향이 있죠. 그 또한 당연한 일일지도 모르겠습니다. 우리 유전자에는 생존을 위해 알량한 감사의 마음보다 적에게 앙심을 품고 복수하길 택했던 원시인들의 DNA가 희미하게 새겨져 있으니까요.

언젠가 소련의 독재자 이오시프 스탈린Joseph Stalin은 이런 말을 했다고 하죠. "감사하는 마음은 개나 앓는 질병이다." 저는 이 이야기를 듣고 얼마나 웃었는지 모릅니다. 스탈린이야말로 남을 의심하고 숙청하며, 조종하고 권력을 독점하는 삶을 살았습니다. 그런 황당한 라이프 스타일을 살아가는 그에게 감사하는 마음은 삶에 불필요한 잔여물 정도로 여겨졌을지도 모르겠습니다. 하지만 원시인도, 독재자도 아닌 우리에게는 감사하는 마음이 필요합니다. 저는 감사하는 마음을 다른 말로 '긍정적인 감정을 끄집어내기'라고 부르기도 합니다.

특히 부정적인 감정으로 일상이 힘들다면 감사할 일을 찾아내는 것은 더욱 의미가 있는 일입니다. 다들 경험했으리라 생각합니다만, 감정적인 데미지를 입히는 나쁜 일은 계속해서 곱씹게 되는 경향이 있고, 이는 그 일이 있었던 그 순간만이 아닌 그날, 그 주, 심하게는 그달을 통째로 나쁜 시간으로 만드는 경향이 있죠. 우리는 보통 할수록 숙련된다고 하지 않습니까? 부정적인 생각과 감정을 곱씹는 일도 마찬가지로 할수록 숙련되는 모습을 보이곤 합니다. 그리고 비슷한 상황이 다시 찾아왔을 때, 이전에 연습했던 것처럼 아주 쉽게 곱씹고, 미워하고, 후회하는 일을 반복하게 만들죠. 이 얼마나 피곤한 일인가요?

대다수의 사람은 그 부정적인 감정 자체를 없는 것으로 만들기 위해 노력합니다. 그 일이 없었던 것처럼 생각하기도 하고, 흔히들 행복회로라고 하는 것을 돌리면서 그 사건에서 내가 받을 정신적 데미지를 최소화하기 위해 애쓰기도 합니다. 하지만 부정적인 생각이나 감정을 억압하거나 회피하려는 노

그리고 나아가기

력은 오히려 그것을 악화시키고 재생산하기도 하죠. 닦아서 없어질 줄 알았던 벽지의 얼룩은, 닦을수록 번질 겁니다. 얼룩을 닦으려고 할수록 벽지는 물기로 울어갈 뿐이죠. 부정적인 감정도 벽지의 얼룩과 다를 바 없어요. 그럼 어떻게 부정적인 감정으로부터 벗어나냐고요? 이때 우리는 '감사'라는 무기를 잽싸게 꺼내 들 수 있습니다.

쉽게 생각해봐요. 부정적인 정서를 음수negative number라고 하고 긍정적인 정서를 양수positive number라고 생각하면 편하겠네요. 부정적인 감정에 집중하며 그것을 없애려고 애쓰는 일은 음의 영역에서만 진을 빼는 일이 아닐까 합니다. 하루 동안 겪었던 기분을 총합 결산해서 양수로, 즉 긍정적인 마음을 품고 잠에 들고 싶다면 마이너스가 된 만큼 플러스를 해줘야 겠죠! 그것이 바로 제가 제안하는 긍정적인 감정을 끄집어내기, 즉 감사할 것을 떠올려 보는 일입니다. 의도적으로 당신이 불러내는 감사하는 마음을 통해, 하루 동안 알게 모르게 겪었지만 머릿속에서는 잊혔던 행운들과 다른 사람들이 당신에게 베풀었던 친절들, 타인의 온기와 세상 속에서의 소속감 등을 함께 소환해내는 작업을 하는 겁니다.

감사는 나쁜 날이 될 수도 있었을 당신의 소중한 하루를 마냥 나쁘기만 한 날로 남지 않도록 해줍니다. 마음속 부정적인 감정이 쿵쿵거리며 만들어내는 소음에 긍정적인 정서의 멜로디를 얹으면 풍성한 삶의 하모니가 될 거예요. 누군가는 이에 대해 "말이 쉽지, 도대체 고마울 짓을 하는 사람이 근처에 없는데 어떻게 감사해야 해"라고 반박할 지도 모르겠네요. 주변에 감사한 사람이 있다면 정말 좋은 일이겠지만, 만일 그런 사람이 없어도 괜찮습니다. 좋아하고 즐기는 일에서, 시간에 따라서 변하는 풍경에서 우리는 충분히 감사하는 마음을 찾을 수 있으니까요! 앞서 이야기한 대로 당신이 힘든 하루를 보냈다면 힘든 일이 최우선으로 먼저 떠오를 수 있겠습니다.

하지만 우리는 은연중 일상 구석구석에 각자 기호와 즐거움을 섞어 넣으며 살곤 합니다. 그러지 않고서 팍팍한 삶을 어떻게 살겠습니까? 어떨 때는 출근길에 당신이 좋아하는 촉감이 푹신한 운동화를 신고 나가며 산뜻한 기분을 즐기고, 점심 메뉴를 정하며 '오늘은 매콤한 것을 먹어볼까?' 하는 소소한 고민을 즐기며 식당에 가기도 하고, 또 어떤 날은 퇴근길에 지는 해를 바라보면서 잠시 감상에 젖기도 하죠. 이 모든 감상의 기회를 주는 객체와 활동에 감사의 마음을 하나 덧붙여 보죠. 앞서 이야기한 '할수록 숙련된다'는 표현처럼, 부정적인 감정을 품는 것만큼이나 세상과 나의 환경에서 감사하고 긍정적인 정서를 찾아내는 일은 처음엔 어렵습니다. 그래도 서서히 숙련될 겁니다. 이제 당신은 어쩌면 부정적인 감정을 평생 연습했던 것에 비해 긍정적인 정서를 찾아내는 일은 그리 연습하지 않았음을 깨달을지도 모릅니다!

마지막으로, 스스로 조금만 더 감사하는 마음을 가져보세

그리고 나아가기

요. 가끔은 내가 나인 것이 너무나도 당연하게 느껴집니다. 하지만 놀라울 것도, 대견스러울 것도, 고마운 것도 없는 보통의 상태인 나 자신을 조금 더 자세하게 들여다보세요. 당신이 지금 이 공간에서 모든 감각기관을 통해 좋고 나쁜 감상을 할 수 있기까지 모든 삶의 선택과 노력은 누구의 것도 아닌 당신 자신의 것이었으며, 그중에 당연한 것은 없었습니다. 지금 삶에 대한 자기평가가 좋든, 애매하든, 나쁘든 간에(물론 이 책을 읽고 있는 당신은 좋은 삶을 살고 있길 간절히 바랍니다만), 여기까지 온 여정에 대해서 잠시 감사한 마음을 전해보자고요. 평범하게 내 손에 주어진 삶에 고맙다고 한마디 해주며, 더 나아가 앞으로 나아갈 미래의 나에게도 잘 부탁한다고 말해보는 겁니다. 정말 감사할 일이 너무 많지 않나요!

 캘선생의 한마디 감사하는 마음으로 자신을 구해보아요!

감사하다는 말은 일상에서 자주 쓰는 말이나,

기분 나쁜 일은 너무나도 쉽고 생생하게 떠오르는 편이다.

동시에 감사한 일은 너무나도 잊기 쉽다.

진화 생존의 관점에서 보자면 당연한 것일지도?

꽤 감동한 일이 아니고서야 소소한 감사를 하루의 끝까지 가져가긴 쉽지 않은 데 반해,

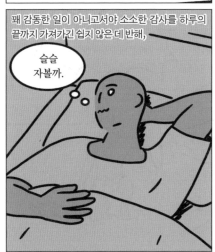

하지만 나쁜 일은 곱씹을수록 그날을 통째로 나쁜 날로 만드는 경향이 있고;

완전히 모든 것을 갖춘 상태에서
시작하는 일 또한 극히 적다.

잊으려 해도
머릿속을 떠나질 않네.

부정적인 생각과 감정을
억압하거나 회피하려는 노력은,

후…내가 정말
생각을 말아야지.

오히려 그것을 악화하고
재생산하기도 한다.

그러니 늦은 밤, 하루가 우울한 일로 가득했다면 그대로 두고

전혀 내 입장을
고려하지 않은 거잖아.

그런데 진짜
어떻게 그럴 수 있지?

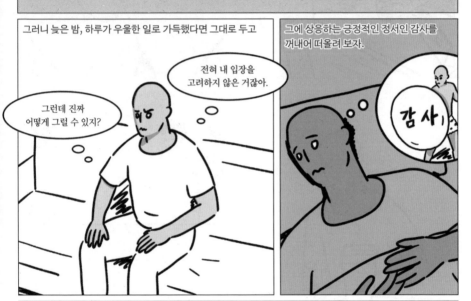

그에 상응하는 긍정적인 정서인 감사를
꺼내어 떠올려 보자.

감사

생각보다 그리
나쁘기만 한 날이 아니었음을
확인할 수 있을지도 모른다.

그래도 내게는
고마운 사람들이 참 많아!!

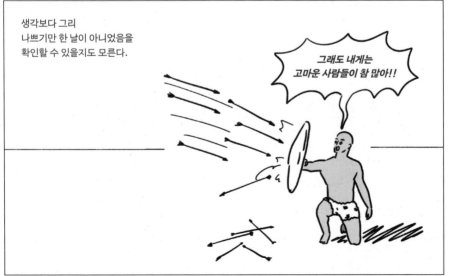

깊이 자지 못하고 있어요

침대에서 시작하는 일상의 회복

어느새 아무것도 못 하고 있어요. 아마 지난여름이 문제였던 것 같아요. 1학기를 마치고 방학이 돼서 친구들은 다들 고향으로 내려갔는데, 저는 굳이 내려갈 일도 없었고 용돈이 필요해서 제 자취방에 남았죠. 야간 알바를 했어요. 새벽 두 시에 퇴근하는 거니까 나름 괜찮았거든요. 그런데 집에 돌아와서 씻고 어영부영 누워 스마트폰 가지고 놀다 보면 금세 새벽 네 시쯤 되더라고요? 그때 출출해지면 야식을 먹기도 하고요.

그리고 나아가기

그러고 이제 자야겠다고 누우면 잠이 안오는 거예요. 자기 전에 봤던 영상도 제 머릿속에서 계속 맴돌고요. 침대에서 뒤척이다가 겨우 잠이 들어도 금방 해가 뜨니까 그리 깊게 잠에 들지는 못했던 것 같아요. 그렇게 자다 깨다 하다가 일어나면 거의 오후 한 시쯤 돼요. 그럼 대충 점심을 때우고 토익 학원에 나가서 공부해요. 그러다가 야간 아르바이트를 하러 갔다가 돌아오는 일과로 방학을 보냈어요. 머리에 안개가 낀 느낌이 들어서 토익 공부도 거의 들어오지 않았죠. 두 달 정도 그렇게 지내면서 돈은 조금 모으긴 했는데 사실상 방학을 날린 것 같은 느낌이 들었어요. 그래도 다시 개강하면 멀쩡히 일상생활을 할 줄 알았죠.

그런데요. 개강해도 그대로인 거예요. 아침에는 너무 일어나기 힘들고, 밤에는 말도 안 되게 또렷해서 거의 매일 새벽 두 시는 넘겨요. 학교에서도 예민해지고 집중도 안 되고 하니 사람들하고 잘 지내지 못하는 것 같고요. 강의도 너무 피곤해서 못 듣겠어요. 제가 고장 난 기분이에요.

네, 어쩌면 우리 안의 많은 문제가 잠에서 시작이 됐을지도 모릅니다. 우리는 깨어 있는 시간의 활동에 떠밀려 정작 자는 시간의 중요성을 간과하면서 지내죠. 급할 때는 밤샘 공부, 철야 작업을 하면서 자기가 가진 능력 이상의 과업을 끌어내려고 노력하기도 하잖아요. 저도 대학 시절, 시험을 앞두고 극도의 불안감으로 얼마나 많은 밤을 새웠는지 모릅니다. 그게 바라던 정도의 효과가 있었는지는 모르겠지만요. 오히려 그런 상황이 빈번하게 발생하면 희생시킨 수면시간이 잘못된 수면패턴으로 돌아와 소중한 저의 일과 생활을 무너뜨리는 아이러니한 상황이 생기기도 했습니다.

그런 이유로 꽤 많은 정신과 질환은 수면과 연관돼 있습니다. 수면장애insomnia disorder라고 일컬어지는, 수면 그 자체의 문제부터 시작해 우울함이나 불안, 집중력과 정서 조절의 문제와 심지어는 망상이나 환각으로 대표되는 정신증의 발생까지 수면은 넓고 압도적인 영향력을 자랑합니다. 수면과 관련한 문제는 그 자체가 원인이 되기도 하고, 증상이 되기도 하죠. 잠을 잘 자지 못한다면, 당연히 예민해질 수밖에 없고 스트레스 상황에서 취약해지는 것도 물론이겠습니다. 그리고 스트레스를 다루는 일로 인한 어려움은 다시 우리가 잠에 들거나 잠을 유지하는 것에 영향을 주겠죠. 너무나 쉽게 만들어지는 악순환의 고리입니다.

정신과 치료에서는 무엇보다도 수면을 높은 순위로 두고 예민하게 다룹니다. 전공의 시절 존경하는 은사님은, "잠만 깊게 푹 자도 반은 낫는다"며 수면의 중요성을 강조했습니다. 실

　　　　　　　　　　　　　　　　그리고 나아가기

제로 놀랍게도 저는 수면을 잘 관리하는 것만으로 정서상 문제의 많은 부분들이 좋아지는 것을 목격했습니다. 맑고 또렷한 정신을 되찾는 것으로 자신과 환경에 대한 기울어진 인지를 재구성하며 들여다볼 수 있는 여유를 가질 수 있게 된 거죠.

수면이 얼마나 중요한 것인지는 대충 알겠으니, 우리가 어떻게 지내는지 다시 돌아보자고요. 정말 당신은 깨어 있는 시간을 아끼는 것만큼 자는 시간을 아끼고 있나요? 글쎄요, 이 책을 읽고 있는 대부분의 사람이 그렇지 못할 것으로 생각합니다. 글을 쓰고 수면 문제를 진료하는 저도 의식적으로 노력하지 않는 한 잠자는 일은 일상생활의 가치 순번에서 그리 높은 자리를 차지하고 있지 못하는 게 현실이니까요. 특히 요즘, 일인 가구가 많은 실정이고 젊은 사람들은 저마다의 이유로 원하든 원치 않든 한두 개의 방에서 생활하고 있는 것으로 알고 있습니다. 저 또한 학업과 업무를 위해 고등학교를 졸업한 직후부터 원룸 생활을 하면서 오랫동안 하나의 방을 벗어나지 못했습니다.

원룸에서 사는 것은 효율적입니다. 하지만 수면 관점에서 보자면, 원룸은 상당히 아쉬운 부분이 많습니다. 가장 큰 문제는 잠자는 곳의 분리가 어렵다는 점입니다. 혼자 살면 어느새 활동의 구분이 안 됩니다. 침대라는 공간이 쉬는 곳이자 노는 곳이자 가끔 간식도 까먹는 곳이자 잠자는 곳으로 변해버리곤 하죠. 많은 시간을 누워서 보내게 됩니다. 요즘 OTT나 SNS와 같은 즐길 거리 덕에 우리 모두 집에 누워서 시간을 보내기 너무 좋잖아요. 각성의 시간을 오랫동안 침대에 누워서 보내면, 우리의 불쌍한 뇌는 헷갈리기 시작합니다. 정작 자야 할 때 눈 감고 자려고 뇌에 신호를 보내도, 이곳이 자는 곳인지 노는 곳인지, 지금 자야 할지 말아야 할지가 확신이 서지 않는 거죠. 어떻게 잘 아느냐고요? 부끄럽지만 이 글을 쓰는 제가 바로 십여 년간 그랬습니다. 그리고 다른 사람들과 이야기하면서 툴툴거렸죠. "나는 잠이 되게 예민한 사람이야. 잠이 불편해."

내친김에 저의 경험을 조금 더 나누자면, 수면의 어려움과 그에 따른 일상생활에서 멍한 느낌으로 오랫동안 고통받던 저는 군의관 시절, 정확히는 이사할 시점이 돼서 생각했습니다. '조금 더 좋은 환경에서 일상을 보내고 싶다.' 그래서 고민 끝에 돈을 조금 더 쓰더라도 투룸으로 옮기고 좋은 침대를 사기로 했습니다. 다음 세 가지의 수면 원칙을 지키기 위해서요.

1. 잠자는 방과 아닌 방을 구분해서 수면을 제외한 모든 생활을 잠자는 방 밖에서 할 것
2. 최대한 자지 않는 시간에는 밝은 조명 아래에서 눕지 않고 앉아서 생활할 것
3. 적어도 저녁 열두 시에는 눈을 감을 것

정신과 의사로 수년간 일을 해오면서 말로만 교육했던 수

263   그리고 나아가기

면위생Sleep Hygiene이라는 것을 뒤늦게나마 스스로 지켜보려고 했던 겁니다. 다만 제게 여유를 주기 위해, 주말에는 원칙을 조금 어겨도 된다는 것을 추가했고 잠을 너무 숙제처럼 생각하지 않기로 마음을 먹었어요. 원래 저는 잠을 잘 자지 못하는 스타일이라서, 오히려 잘 자는 날이 이득이라고 생각했습니다. 조금 마음이 홀가분해지더군요.

그 후로 수개월이 지났어요. 드라마틱한 효과는 없었습니다. 여전히 아침에 일어나 출근하는 것은 힘들고, 가끔은 잠드는 것이 힘들어서 한 시간씩 뒤척이기도 했죠. 하지만 분명히 바뀐 것은, 저는 잠자리에서 뒤척이는 횟수가 많이 줄었고 가끔은 꿈도 안 꾸고 깊이 자기도 합니다. 아침 첫 진료 때 멍한 느낌이 들어 종종 내담자의 말에 집중할 수 없던 것도 꽤 많이 줄어들었고, 가끔은 제가 먼저 "좋은 아침!"을 외치기도 해요. 오후에 운동을 해볼까 하는 생각이 들어 운동하면서 땀을 흘리기도 하고요. 그것도 어느 정도 제 안에 기력이 생겨 그런 활동을 할 수 있는 게 아닐까 싶기도 합니다. 가장 큰 수확은 제 느낌상 부정적인 생각에 휘말리는 빈도가 꽤 준 것 같다는 거죠.

전체적으로 긍정적인 신호입니다. 십여 년간 수면의 어려움을 겪었던 제가 이런 생활 패턴의 기조를 여유롭게 가지고 지내다 보면 더 좋은 것을 얻게 될 것이라는 느낌을 받고 있어요. 물론 이 방법도 완전하다고 할 수는 없겠습니다. 무리해서 더 큰 집에 옮기라고 말하거나, 밤에 일하는 직장을 때려치우라는 식의 설득은 더욱 아니고요. 제가 말하고 싶은 것은, 각자의 상황에 유연하게 수면전략을 가지되, 깨어 있는 시간에 스스로 위하는 것만큼 당신의 수면시간과 잠자리도 소중하고 적절히 확보하라는 겁니다.

자신을 사랑하는 법을 모르겠다고 하는 내담자들을 진료실에서 만납니다. 저는 잠을 잘 자고 있느냐고 물어보기도 해요. 생뚱맞게 무슨 소리인가 싶겠지만, 자신을 사랑할 기력을 만드는 것과 사랑받을 만한 컨디션을 만드는 것 모두 침대에서 출발하는 일입니다. 아픈 아이를 어머니가 사랑으로 대하는 것처럼, 당신 자신에게 따뜻한 차와 포근한 잠자리를 먼저 내어주어 보는 것은 어떨까요?

 캘선생의 한마디 깨어있는 시간을 사랑하는 만큼 자는 시간도 사랑해보아요!

그리고 나아가기

꽤 많은 정신과 질환이
수면과 연관 있고,

불면은 원인이 되기도,
증상이 되기도 한다.

그렇기에 정신과 치료에서는
수면을 꽤 예민하게
다루는 편이다.

잘 지내고 있는지 모르겠어요

카드를 한 장씩 뒤집는 정도의 노력

솔직히 잘 모르겠어요. 제 일상은 아직도 우울하게 흘러가고 있어요. 습한 안개가 낀 것 같은 느낌이라 해야 할까요? 계속 쳐지고 어디로 가는지도 모르는 채 제자리걸음을 하는 기분이에요. 뭔가 확 바뀌는 것이 있어야 할 것 같은데, 사실 매번 비슷한 곳에서 항상 비슷한 사람들을 만나고 비슷한 스트레스를 받아요. 이렇게 평생 살아야 한다니, 조금 너무한 것 같아요. 제 인생은 왜 이렇게 됐을까요?

선생님이랑 저번에 면담하면서, 대화를 나눌 때는 왠지 힘도 나고 잘할 수 있을 것만 같았거든요. 그런데 그것도 잠시였고, 다시 일상생활을 하다 보니 제자리걸음을 하고 있어요. 지난번에 처방하신 건 그래도 꼬박꼬박 챙겨 먹었어요. 확실히 잠자는 건 나아진 것 같긴 해요. 조금 푹 자는 느낌이랄까. 근데 그것도 약 때문인 거라고 생각하면 좀 울적해지네요.

선생님을 믿지 않는다는 건 아니에요. 저번에 제 이야기 들어줘서 너무 감사했어요. 오히려 제가 저를 못 믿고 있어요. 제 마음을 고쳐먹으려 노력하는데, 또 가만히 있다 보면 어느새 계속해서 부정적인 생각에 빠져드는 기분이 들고, 다시 정신을 차려보면 '나는 이 우울감을 이길 수 없는 사람이구나' 싶어요. 무력해지는 거죠. 평생 이렇게 정신과에 다니면서 약을 먹어야 할까요? 제가 진짜 나아질 수 있을까요?

"잘 지내셨나요? 식사는 맛있게 하고 오셨나요?" 어렵사리 정신과에 첫 방문을 한 후에 두 번째 내원한 사람들에게 항상 하는 질문입니다. 이런 말이 가볍고 의례적으로 들릴지는 몰라도, 물어보는 입장에서는 꽤 간절한 심정입니다. 물론 첫 방문으로도 놀랄 만큼 좋아져서 오는 사람도 있긴 합니다만, 대부

그리고 나아가기

분은 그렇지 않거든요. 그런데도 물어봅니다.

"잘 지내셨나요?"

당신의 삶에 어떤 변화가 생겼는지도 궁금하고, 첫 진료가 어느 정도의 값어치를 했는지, 제가 얼마나 괜찮은 의사인지도 사실 조금은 궁금하지 않겠습니까. 그러나 부디 제게 잘 지냈다고 거짓말하면 안 됩니다! 그것은 진료받고 일상을 회복하는 것에 오히려 방해되는 일이니까요. 만일 저의 진료에서 얻은 좋은 변화가 아닐지라도 그간 당신의 삶에 제발 좋은 일이라도 있었으면 하는 마음으로, 다시 묻습니다.

"잘 지내셨나요?"

이 간단한 질문 게임은 아쉽게도 긍정적인 대답을 듣게 될 확률이 그리 높진 않습니다. 만일 제게 참여하라고 한다면, "잘 모르겠어요"라고 당신이 대답할 것에 돈을 베팅해야겠습니다. 일상의 고리는 계속되고 있고, 생각해보면 살아가면서 아주 새롭고 좋은 일이 나타나는 이벤트는 그리 흔하지 않잖아요. 오히려 정신과 의사들은 일반적이지 않고 갑작스러운 삶의 변화를 언급하는 내담자들에게 깜짝 놀라서 더욱 경계하고 조심히 살피기도 합니다.

하지만 정신과에 방문하는 사람으로서는 조금 당혹스럽 겠습니다. 내 안에 있는 마음의 어려움이 스스로 통제되지 않아 진료실에 앉았는데, 보통은 내담자가 기대했던 것만큼 빨리 바뀌지 않거든요. 특히 정신과에 내원을 결심하는 사람들은 정말 많은 부분을 알아보고 오는 경우가 많습니다. 정신과 진료로 얻을 수 있는 이득만큼이나, 정신과에 방문하는 환자가 됐을 때 겪을 수 있는 불이익이 걱정돼서 여기저기 수소문하기도 합니다. 더 구체적으로는 인터넷 검색으로 좋은 병원이 어디인지, 정신과 약을 먹으면 어딘가 잘못되지는 않는지, 보험이나 기록은 어떤 문제가 생길 수 있는지 꼼꼼하게 확인하기도 해요.

그것은 다른 과의 진료를 볼 때와는 약간은 다른 모습이라 말할 수 있고, 그만큼 이 문턱을 넘어서 오는 일이 쉽지 않고 용기가 필요한 일임을 느껴요. 그러나 용기를 가지고 내원해서 만난 정신과 전문가라는 사람이 묻습니다.

"무슨 이야기를 해볼까요?"
"그것을 자세히 설명할 수 있을까요?"

이러니 내담자는 참 당혹스럽습니다. 나는 어떤 조언이나 설명을 바라고 간절한 마음에 진료실에 들어왔는데, 의사는 대개 질문만 엄청나게 해댑니다. 묻는 말에 답하다 보면 이게 맞나 싶기도 해요. 결국 얼떨결에 내담자는 첫 진료를 마치고 처방받은 정신과 약이라고 하는 걸 어렵사리 먹으라고 하는 대로 믿고 먹어보지만, 마치 위염약이나 설사약처럼 마음이 바로 나아지는 게 느껴지지 않죠. 조금 차분해지는 느낌이 들기도 해요. 하지만 이게 약 덕분인지 기분 탓인지 헷갈리기도 하고, 우울하고 불안한 생각은 여전히 내담자를 괴롭힙니다. 뭔가 좋아지는 것 같기도 해서 몇 번 더 진료받으러 가지만 단번에 확 낫지는 않는 것 같아 답답할 거예요.

'진료받으면 완전히 나아질 줄 알았는데, 내 노력이 부족한가? 진료를 잘못 받고 있나? 아니면 정신과 진료도 나를 구할 수는 없는 건가?'

저는 이것을 내담자들이 겪는 두 번째 어려움이라고 말하고 싶어요. 가뜩이나 자기 삶에 치여서 치료받게 됐는데, 그 치료마저 마음을 어지럽게 하는 것이죠. 그래서 다음 진료에서 이런 부분에 대해 조심스레 묻기도 합니다.

그러나 치료자의 입장에서 '노력'이라는 단어를 웬만하면 피하려고 해요. 당연히 치료자와 내담자의 노력이 있어야만 호전과 일상으로 나아갈 수 있지만, 저는 이 일을 하면서 그만큼 '노력'이라는 단어로 인해 좌절하고 상처받는 일도 자주 봅니다. 가령 이렇습니다.

보호자가 정서적인 어려움을 겪는 환자를 책망합니다.

→ 네 노력이 부족해서 나아지지 않는 것 같다.

내담자가 자기비난의 용도로 말합니다.

→ 내 노력이 부족한 것은 아닌지?

할 수 있는 일을 열심히 해서 성취하는 것은 노력의 유무와 영향이 있겠으나, 보통 자기감정을 제힘으로 통제하기 어려울 때 정신과에 방문하잖아요? 우울증을 예로 들자면, 정신과 치료가 마치 우울감이라는 커다란 괴수를 맞서 싸우는 것이라고 생각하는 내담자들이 많습니다. 이 괴수를 자기 노력과 정신과 의사의 도움으로 두들겨 패서 쓰러뜨리려는, 그런 전투적인 마음가짐으로 치료에 임하곤 해요. 나쁜 마인드 셋이라 할 순 없지만 대개 그런 생각은 스스로를 쉽게 피곤해지게 만드는 편입니다.

이런 가정도 해야 합니다. 만약 전투에서 승리해서 우울감이라 하는 괴수를 죽이기라도 한다면, 우리는 평생 우울감을 느끼지 않고 웃기만 하며 살아갈 수 있을까요? 그것을 풍부한 삶이라 할 수 있을까요?

그래서 저는 오히려 카드 뒤집기에 비유해 설명하고자 합니다. 부정적인 감정에서 벗어나는 일을 카드 한 장을 뒤집는 일이 아닌, 내 마음속에서 수만 개의 픽셀을 이뤄서 커다란 감정의 그림을 보여주는 엄청나게 많은 카드를 뒤집는 일이라고 말이죠. 그리고 매일, 진료 때마다 카드를 한두 장씩 뒤집어 보자고 말합니다. 내담자 입장에서 답답하고 짜증스러운 일이 될 수도 있겠습니다. 내담자가 좋아하는 긍정적이고 예쁜 색깔로 모든 픽셀을 다 바꿀 수도 없는 일이고요. 그러나 우리가 푸르스름한 것도, 푸르딩딩한 것도, 새파란 것도 다 파란색이라 이야기하듯이, 마음의 화면을 긍정적이고 마음에 드는 빛깔로 바꾼다면 몇 픽셀 정도 다른 색깔이 끼어 있더라도 괜찮지 않을까요?

정신과 치료는 그 과정을 이렇게 보조해주려고 합니다. 첫 번째로는 약물 치료를 통해 신경전달물질의 불균형을 바로잡음으로써 일상 주기의 사이클과 감정의 경험 및 인지의 폭을 조절하고자 합니다. 마음에 온·오프 스위치가 있고, 그 스위치를 약만으로도 켜고 끌 수 있다면 참 좋겠지만, 아쉽게도 그것은 마술과도 같은 일이며 다른 일반적인 약제와는 달리 정신과 약제를 복용하고 유지하며 효과를 관찰하기에는 어느 정도 시간이 소요됩니다. 이 부분에 대해 내담자들은 많이 답답해하곤 하죠.

두 번째로는 면담을 통해 스스로는 발견하지 못했던 인지적인 편향이나 생각의 과정을 함께 파악하려 하고, 증상이라 할 수 있는 부분들이 어떻게 흘러가고 있는지 이해해보려 하고 평가하려 합니다. 앞서 이야기한 정신과 의사들의 뚱딴지같은 질문들에 대한 이유라고 할 수 있겠네요. 마지막으로는 각종 행동치료와 기술적인 도움 등이 있겠습니다.

만일 이 책을 읽고 있는 당신이 정신과 진료를 받고 있거나 고민하고 있다면 제 간단한 설명이 어느 정도 도움이 될지 모르겠어요. 하지만 정신과 진료를 꼭 받지 않더라도, 당신의 감정적인 어려움에 대해 굉장한 '노력'으로 단번에 이겨내겠다는 마음보다는, 현재 당신의 기력과 활동 범위 내에서 감각적인 수준의 즐거운 활동이 무엇인지 차분히 생각해보고 긍정적인 감각에 귀 기울이며 보면 어떨까 싶어요. 카드를 한 장만 뒤집어 본다면 그날의 부정적인 감정의 소용돌이에서 빠져나오는 것에 도움이 되겠다고 생각합니다.

어떤 부정적인 감정에 깊이 들어가게 되면, 우리는 쉽게 그 감정이 영원할 것 같다는 착각에 빠지게 됩니다. 그러나 우리는 정작 한 달 전의 감정도 기억해내기 어려워합니다. 조심스레 마음속의 카드를 한 장씩 뒤집어 보아요. 뒤돌아보면 어느새 긍정적으로 바뀐 감정의 풍경이 당신을 반기고 있을지도 모르니까요.

 캘선생의 한마디 감사하는 마음으로 자신을 구해보아요!

우울감으로 정신과에 다니기로 마음을 먹는 것은 많은 용기가 필요한 일이다.

정신과 기록이 남나요?

정신과 보험이 어떻게 되나요?

정신과 다니면 치료가 되나요?

정신과 어디로 가야 하나요?

정신과 약, 부작용이 있나요?

하지만 너무나 아쉽게도 한두 차례 짧은 기간의 진료로 극적인 호전이 되는 사람들은 그리 많지 않은데,

수면은 조금 도움받았는데요.
그 외에는 잘….

스스로 증상을 이겨내지 못한다는 생각에 오히려 자책감과 무력감을 겪는다는 이야기를 종종 듣는다.

사실 아무것도 할 기력이 없고요,
노력해도 잘 안됩니다….

저는 왜 항상 이럴까요?

그러나 우울감을 극복하는 과정은 카드 한 장을 뒤집는 일처럼 단순한 것이 아니라,

수십, 수백 장의 카드를 뒤집는 일과 같아서,

대단한 노력으로
우울감을 단번에 이기겠다는
마음가짐보다는,

지금의 감각에
귀 기울이는 것이
더 도움이 된다.

오늘도 꽤
울적한 하루였지만

그래도 잠시 나가서 마신
커피 향이 좋더라.

내일은 샌드위치도
먹어야지!

당장 내가 현실적으로
가능한 활동을
차분히 생각해보고

천천히 카드를
한 장씩 뒤집다 보면,

어느새 바뀌는 풍경을
경험할 수도 있을 것이다.

다시 한번. 잘 지내고 있나요?

저는 사실 이 책으로 당신을 만나기까지 잘 지내지 못했습니다. 잘 지내지 못했다는 이야기가 조금 의아하다면 저의 이야기를 잠시 드려볼까 합니다. 이 이야기를 시작하려면 저의 군의관 시절 첫해로 거슬러 올라가야 하겠네요. 전문의 자격을 취득한 이후 저는 밀린 국방의 의무를 다하기 위해 입대했고, 다른 정신과 군의관들보다 운이 나쁘게도 강원도 최전방에 있는 사단에서 복무를 시작했어요. 최전방이라는 곳은 참 적적하고 외로웠습니다.

그곳에서 저는 막연히 그림을 그리기 시작했어요. 그림은 아무것도 없는 것에서부터 무언가를 만들어내는 단순하지만, 강렬한 매력이 있었습니다. 저는 그 즐거움에 푹 빠졌던 거 같아요. 그린 그림을 일주일에 한두 번씩 저의 SNS 계정에 올리곤 했습니다. 그때만 해도 그림을 그리는 일은 저에게 막연한 시간을 보내게 해줄 유희 거리이자, 친구들과 낄낄거릴 것을 만들어내는 농담과도 같은 것이었죠.

2년간 전방에서 근무를 마치고, 군의관 복무의 마지막 해인 3년 차에 저는 약간은 이해가 되지 않는 이유로 오랫동안 원했던 근무지가 아닌 다른 곳으로 옮겨 진료하게 됐습니다. 실망스러운 마음이 들었으나 조금 더 나은 환경에서 진료할 수 있다는 조금의 설렘을 안고 전입 절차와 신체검사를 받았죠. 그리고 전입을 온 지 한 달여가량이 지난 시점에서, 신체검사하신 선생님이 결과에 이상이 있다고 하며 저를 잠시 불렀습니다.

이야기를 들어보니, 혈액 검사 결과에서 치료가 굉장히 어려운 난치병의 선별 검사상 양성이 나와 상급 검사 기관으로 제 혈액을 보냈다는 겁니다. 선생님은 덤덤하게 전했지만, 저는 머리가 새하얘졌습니다. 누군가에게 섣불리 이야기할 수도 없고, 혼자서 감내하기에는 너무나도 커다란 짐이었으니까요.

이야기를 듣고 숙소에 돌아가 침대에 누워, 어둠이 저를 끌어당겨 세상에서부터 영영 멀어지는 기분이 들었습니다. 눈을 감고 있기도, 뜨고 있기도 어려운 심한 불안감에 사로잡혔습니다. 학생 실습 때부터 병원에서 봤던, 어쩌면 매일 봐왔기에 다소 건조한 시선으로 보기도 했던 환자들을 떠올리며 그들이 어떤 마음으로 지내왔을지 생각나기도 했습니다. 저의 얕은 공감 능력으로는 부족했던 것 같습니다. '역시 겪어봐야 아는구나'하며 스스로를 미워하기도 했어요.

얼마 지나지 않아 상급 기관에서 연락이 왔습니다. 다행히 위양성, 즉 질환이 없는데 양성으로 잘못 나온 검사 결과임을 확인했습니다. 저는 놀란 가슴을 쓸어내렸고, 그 이전과는 조금 다른 생각들이 자라난 것을 느꼈습니다. 저라는 사람은 어느 때든 이 세상에서 쉽게 사라질 수 있는 존재고, 지금 당장 바로 여기에서 좋고 즐거운 일을 최대한 많이 경험하고 기록하며 나눠야 하겠다는 생각이었죠. 번뜩 그때 잠시 멈췄던 그림이 떠올랐습니다. 그림을 그리면서 세상에 없던 것을 만들어내고 기록하며 즐거워했던 것이 기억난 것이죠. 그래서 다시 태블릿을 잡고 원래 그렸던 그림들의 내용에서 조금 주제를 틀어, 평소 진료를 보면서 내담자들과 나눴던 화두나 주고받았던 대안적인 생각들과 도구들, 종종 생각해오던 태도와 좋은 글에서 받았던 영감들을 그림으로 그리기 시작했습니다. 몰입하고, 기록하며, 되새기기 위한 일이었습니다.

그리고 너무나도 감사하게도, 제가 매주 한두 개씩 그림을 그려 나가는 것에 많은 팔로워가 공감과 생각을 나눠 주면서 생각지도 못하게 계정의 규모가 커지기 시작했습니다. 그리고 얼마 되지 않아 출판사의 좋은 제안을 받게 돼서 이렇게 책으로 당신을 만나게 됐고요. 어떤 커다란 뜻이나 목표 때문이 아닌 저 스스로를 구제하기 위해 시작한 일이 과분한 환영을 받으니 조금 쑥스럽고 저에게는 더 감동적인 일이 아닐까 항상 생각합니다.

하지만 책장을 넘겨 여기까지 봤다면 눈치챘겠지만, 저는 젊고 배움의 깊이가 그리 깊지 않은 정신과 의사입니다. 만일 저의 글과 생각에 아쉬움이나 이견이 있다면 '이 녀석은 이렇게 생각하나 보군!'하며 대수롭지 않게 받아 주면 고마울 듯합니다. 개인적인 욕심이 있다면, 만일 책을 읽는 당신이 정서적인 어려움이나 어떤 생각으로 인한 힘듦이 있어 생활에 불편감이 있다면 동네 자그마나한 붕어빵 가게에서 잠깐의 허기와 따스함을 채우듯 저와 제 책이 당신의 마음속 헛헛함을 채울 수 있는 약간의 힌트를 전할 수 있으면 좋겠어요. 그리고 호텔 요리사 주방장이나 수십 년 된 맛집의 명인들과 같은 절륜한 정신과 의사 선생님들이 우리나라 곳곳에 있습니다. 잠깐의 허기를 채우고 맛있는 저녁을 먹으러 가듯 제 부끄러운 책이 좋은 진료를 받으러 갈 수 있는 발판이 되길 바랍니다.

감히 혼자의 힘으로 이 결과물을 냈다고는 절대 말할 수 없겠습니다. 언젠가 얼굴도 보지 못한 이의 불행에도 기꺼이 눈물을 흘려줬던, 그리고 저에게 공감의 깊이를 알려줬던 어머니와 헌신의 가치를 온 평생으로 증명하고 보여주신 아버지에게 감사합니다. 정신과 의사로써 알고 느껴야 할 덕목과 가치들을 게으른 제자에게 부단히 타이르고 가르쳐 주신 순천향대학교 정신건강의학과 의국 교수님들과 선배님들에게 감사합니다. 저라는 사람을 인터넷 세상에서 찾아내어 과분한 사랑과 공감을 주신 팔로워님들도 한 명 한 명 감사하며, 출판을 도와준 미래의창 출판사와 편집자님도 감사합니다. 오늘의 시시한 농담을 매일같이 주고받는 판타지 리그 친구들에게 감사하며,

마지막으로 몰두와 고립의 시간에서 번번이 저를 건져내어 주는 저의 여자친구에게 감사합니다.

다시! 저는 잘 지내지 못했지만, 다행스럽게도 덕분에 이렇게 당신을 만나게 됐습니다. 당신은 잘 지내고 있나요?

참고문헌

Chapter 1. 나와 내 안의 이야기
데니스 그린버거·크리스틴 페데스키, 《기분 다스리기Mind Over Mood 2nd ed.》, 권정혜 옮김, 학지사, 2018.
스티븐 브라이어스, 《똑똑한 인지행동치료Brilliant cognitive behavioural therapy》, 김선욱·김원·김혜경·조철래·최병휘 옮김, 시그마프레스, 2015.
크리스틴 덩클리, 《DBT(변증법적 행동치료)를 활용하여 감정 조절하기Regulating Emotion the Dbt Way》, 나경세 옮김, 해피한가, 2022.

Chapter 2. 나와 세상에 대한 이야기
필 스터츠·배리 미첼스, 《툴스The Tools》, 이수경 옮김, 21세기북스, 2012.
J.H. 라이트, 《인지행동치료Learning Cognitive-Behavior Therapy》, 김정민 옮김, 학지사, 2019.
에리히 프롬, 《소유냐 존재냐To Have or To Be》, 차경아 옮김, 까치, 2020.
미겔 데 우나무노, 《삶의 비극적 감정Del sentimiento tragico de la vida en los hombress y en los pueblos》, 장선영 옮김, 누미노스, 2010.

Chapter 3. 지금, 여기에 대한 이야기
빅터 프랭클, 《영혼을 치유하는 의사The Doctor and the Soul》, 유영미 옮김, 청아출판사, 2017.
지지엔즈, 《철학자의 불교 공부 노트哲學家的學佛筆記: 關於"離苦得樂"的思索與修行》, 김진무·류화송 옮김, 불광출판사, 2022.
서광, 《치유하는 불교 읽기》, 불광출판사, 2014.
로버트 L. 레이히, 《정서도식치료Emotion Regulation in Psychotherapy》, 김은진·민병배 옮김, 학지사, 2020.

폴 길버트, 《자비중심치료Compassion Focused Therapy: Distinctive Features》, 학지사, 2014.

Chapter 4. 그리고 나아가기
세스 J. 길리한, 《내 마음 내가 치유한다Retrain Your Brain: Cognitive Behavioral Therapy in 7 Weeks》, 신인수·전철우 옮김, 씨아이알CIR, 2023.
마틴 셀리그만, 《마틴 셀리그만의 긍정심리학Authentic Happiness》, 물푸레, 2014.
윈디 드라이든, 《합리적 정서행동치료Rational Emotive Behavior Therapy: Distinctive Features》, 유성진 옮김, 학지사, 2016.

나는 왜 내 마음이 버거울까?

정신과 의사 캘선생의 상담소

초판 1쇄 발행 2023년 8월 25일
초판 2쇄 발행 2023년 9월 1일

글·그림 유영서
펴낸이 성의현
펴낸곳 (주)미래의창

책임편집 김다울

출판 신고 2019년 10월 28일 제2019-000291호
주소 서울시 마포구 잔다리로 62-1 미래의창빌딩(서교동 376-15, 5층)
전화 070-8693-1719 **팩스** 0507-0301-1585
홈페이지 www.miraebook.co.kr
ISBN 979-11-92519-79-1 (03180)

※ 책값은 뒤표지에 있습니다.

생각이 글이 되고, 글이 책이 되는 놀라운 경험. 미래의창과 함께라면 가능합니다.
책을 통해 여러분의 생각과 아이디어를 더 많은 사람들과 공유하시기 바랍니다.
투고메일 togo@miraebook.co.kr (홈페이지와 블로그에서 양식을 다운로드하세요)
제휴 및 기타 문의 ask@miraebook.co.kr